Leichte Wanderungen

Genusstouren im Allgäu, Kleinwalsertal und Tannheimer Tal

42 Touren zwischen Oberstdorf und Füssen

Gerald Schwabe

Vorwort

Anstrengende Ganztagestouren und schweißtreibendes Auf und Ab sind sicherlich nicht jedermanns Sache. Vom Weckerklingeln in aller Herrgottsfrühe ganz zu schweigen.

Für all jene, die es beim Wandern gerne etwas gemütlicher angehen lassen, bietet dieses Buch eine wahre Fundgrube: eine bunte Mischung von leichten, überwiegend zwei- bis vierstündigen Wanderungen für alle, die die wunderschöne Natur, die weiten Ausblicke und verträumten Seen des Allgäus ohne alpine Höchstleistungen genießen wollen, die sich zwischendurch Zeit für eine gemütliche Einkehr gönnen möchten, mit Kindern unterwegs sind, die ihren Kniegelenken keine steilen Wege mehr zumuten mögen oder die einfach nur einen entspannten halben Tag in den Bergen verbringen möchten.

In diesem Wanderbuch finden Sie eine Fülle an wunderschönen, leichten Touren im Allgäu, Kleinwalsertal und Tannheimer Tal: einfache Panoramawege ab der Bergstation, prächtige Aussichtsgipfel mit relativ kurzen Anstiegen, Wege zu rauschenden Wasserfällen, durch Klammen und um idyllische Seen herum, gemütliche Alm- und Wiesenwanderungen, Talwanderungen entlang von Bergbächen, Tobeln und noch vieles andere mehr.

In diesem Sinne wünsche ich Ihnen erlebnis- und genussreiche Stunden in den Alpen und im Alpenvorland.

Gerald Schwabe

Liebe Leserinnen und Leser,

infolge der Corona-Krise können sich Änderungen ergeben haben, die bei Redaktionsschluss noch nicht absehbar waren. Soweit möglich werden wir aktuelle Hinweise unter www.rother.de (beim Buch) zur Verfügung stellen.
Sollten Sie geänderte Gegebenheiten vor Ort feststellen, freuen wir uns über Korrekturhinweise per E-Mail an leserzuschrift@rother.de.

Inhalt

Vorwort	2
Allgemeine Hinweise	6
Touristische Informationen	11
Die Wandergebiete im Überblick	14

▶ **1 Durch die Hausbachklamm**
Stille Tobelwanderung — 20

▶ **2 Im Eistobel**
Berauschende Wasserspiele im Westallgäu — 22

▶ **3 Hauchenberg und Schwabenhöhe**
Gratwanderung zu schönem Aussichtsturm — 24

▶ **4 Hochebene am Imberg**
Wiesenwanderung unter der Nagelfluhkette — 27

▶ **5 Vom Hündle zur Alpsee-Bergwelt**
Durch blühende Wiesen von Alp zu Alp — 30

▶ **6 Thaler Höhe und Salmaser Höhe**
Auf stillen Wegen zu herrlichen Aussichtspunkten — 33

▶ **7 Rund um den Großen Alpsee**
Einmal um den größten Natursee des Allgäus — 36

▶ **8 Niedersonthofener Seerunde**
Wunderschöner See in voralpiner Landschaft — 40

▶ **9 Kammweg zum Falkenstein**
Auf stillen Pfaden zu einer prächtigen Aussicht — 42

▶ **10 Durch die Starzlachklamm**
Tosende Wasser zu Füßen des Grünten — 45

▶ **11 Hochebene am Oberjoch**
Gemütliche Alp- und Moorwanderung — 48

▶ **12 Im Hintersteiner Tal**
Talwanderung entlang der klaren Ostrach — 51

▶ **13 Altstädter Tobel und Hinanger Wasserfall**
Schöne Wasserfälle und weite Wiesen — 54

▶ **14 Durch den Ostertaltobel**
Malerischer Tobel im Gunzesrieder Tal — 56

▶ **15 Auf den Siplingerkopf**
Stiller Nagelfluhgipfel über Balderschwang — 58

▶ **16 Die Hörnertour**
Gemütliche Panoramatour über dem Illertal 60

▶ **17 Auf das Riedberger Horn**
Aussichtsreicher Grasgipfel mit herrlichem Panorama 64

▶ **18 Judenkirche und Hirschsprung**
Stille Wanderung zu bizarren Felsformationen 66

▶ **19 Seenwanderung am Nebelhorn**
Hochalpine Traumtour zum Engeratsgundsee 69

▶ **20 Höhenweg zum Laufbacher Eck**
Panoramawanderung hoch über dem Oytal 72

▶ **21 Ins Oytal**
Talwanderung entlang rauschender Bergbäche 76

▶ **22 Durchs Trettachtal nach Spielmannsau**
Leichte Talwanderung mit prächtigen Ausblicken 80

▶ **23 Durchs Stillachtal nach Einödsbach**
Zu Deutschlands südlichster Dauersiedlung 83

▶ **24 Kleine Fellhorngrat-Runde**
Zwischen Stillach- und Kleinwalsertal 86

▶ **25 Höhenweg vom Söllereck nach Riezlern**
Spaziergang mit perfektem Panorama 89

▶ **26 Ins Gemsteltal**
Herrliches Tal im Schatten des Widderstein 92

▶ **27 Schwarzwassertal und Schwarzwasserhütte**
Vielseitige Talwanderung unter dem Hohen Ifen 95

▶ **28 Höhenweg von Hirschegg nach Baad**
Auf leichten Wegen ans Ende des Kleinwalsertals 98

▶ **29 Breitach und Breitachklamm**
Rauschende Wasser und tiefe Schluchten 102

▶ **30 Auf den Schönkahler**
Unscheinbarer Berg mit großer Aussicht 106

▶ **31 Panoramaweg durchs Tannheimer Tal**
Talwanderung von Zöblen zum Haldensee 108

32 Vilsalpsee-Runde und Wasserfall
Ein Bergsee zum Träumen   112

33 Auf die Sulzspitze
Stiller Aussichtsgipfel am Saalfelder Höhenweg   116

34 Auf den Schartschrofen
Aussichtsgipfel hoch über dem Tannheimer Tal   120

35 Höhenwege am Hahnenkamm
Kammblicke zwischen Tannheimer und Lechtal   123

36 Grüntensee-Rundweg
Naturnaher Stausee zu Füßen der Alpspitz   126

37 Breitenberg und Ostlerhütte
Großartiger Aussichtsbalkon über Pfronten   129

38 Weißensee-Rundweg
Leichte Wanderung an kristallklarem Wasser   132

39 Um den Hopfensee
Gemütliche Runde mit perfektem Panorama   135

40 Schwansee und Alpsee
Stille Bergseen im Schatten der Königsschlösser   138

41 Von Füssen zum Alatsee und zum Lechfall
Auf stillen Pfaden zu einem verträumten Waldsee   142

42 Auf den Auerberg
Aussichtsloge im Ostallgäuer Alpenvorland   146

Stichwortverzeichnis   148
Impressum   152

Allgemeine Hinweise

Tourenauswahl

Im Allgäu findet sich für fast jeden Geschmack eine unglaubliche Fülle an schönen Wanderungen. Dieses Buch konzentriert sich auf eher leichte Touren für Wanderer, die es etwas ruhiger angehen lassen wollen, die mit Kindern unterwegs sind, deren Kniegelenke nicht mehr alle Steigungen mitmachen oder die einfach nur die herrliche Natur ohne schweißtreibende Höchstleistungen genießen möchten. Die Auswahl umfasst 42 Touren – gemütliche Rundwege um einen der vielen Alpenvorland-Seen, entspannte Wanderungen durch malerische Tobel und zu versteckten Wasserfällen, angenehme Wege in eines der vielen Täler des Oberallgäus, aber auch leichte Aussichtsgipfel mit kurzen Anstiegen und Panoramawege in alpinen Höhen, zu denen wir uns bequem von Seilbahnen und Sesselliften hinauftragen lassen können.

Kurzinfo

Um die wesentlichen Tourenmerkmale auf den ersten Blick grob einschätzen zu können, sind die Eckdaten jeder Wanderung in einer Kurzinfo zusammengefasst. Diese gibt Auskunft über Ausgangspunkt, Anfahrt, Anforderungen, Gehzeit, Streckenlänge und Höhendifferenz sowie Einkehrmöglichkeiten, Kinder(wagen)eignung, Bademöglichkeit u. a.

Nach der Kurzinfo folgt eine ausführliche Wegbeschreibung, jeweils ergänzt durch eine Karte mit Routeneintrag sowie ein Höhenprofil.

Anforderungen

Generell verlaufen alle hier vorgestellten Touren auf gut markierten und einfach zu begehenden Wegen ohne extreme Steigungen oder gar Kletterpassagen und erfordern auch keine ausgeprägte Kondition. Aber auch wenn es sich – laut Titel – um

Tannheim und Gaishorn vom Panoramaweg durchs Tannheimer Tal (Tour 31).

Auf dem Fellhorngipfel (Tour 24).

durchgehend leichte Wanderungen handelt, so reicht die Spannbreite doch von (kinderwagengeeigneten) Spazierwegen im Tal bis hin zu Höhenwegen in der alpinen Stufe, die etwas größere Anforderungen stellen. Der maximal zu bewältigende Höhenunterschied übersteigt aber bei keiner der vorgestellten Touren die 500-Meter-Marke.

Um die jeweiligen Anforderungen schnell einschätzen und vergleichen zu können, ist jeder der 42 Wanderungen ein Schwierigkeitsgrad mit entsprechender Farbmarkierung der Tournummer zugeordnet.

Die drei verschiedenen Anforderungskategorien auf einen Blick:

▶ **Leicht**

Spaziergänge und Wanderungen auf bequem zu begehenden Wegen mit kaum merklicher bis geringer Steigung. Diese Touren erfordern keine besondere Kondition und können auch bei schlechterem Wetter gefahrlos unternommen werden.

▶ **Mittel**

Wanderungen auf bequem zu begehenden Wegen mit relativ gleichmäßigen Anstiegen. Eine gewisse Grundkondition ist von Vorteil.

▶ **Schwierig**

Wanderungen auf gut zu begehenden Wegen mit längeren Anstiegen und auch kurzen steilen Teilstücken. Mitunter verlaufen diese Touren in größeren, exponierten Höhen. Eine entsprechende Grundkondition ist von Vorteil.

Gehzeiten

Die Zeitangaben in den Kurzinfos und in den Höhenprofilen beziehen sich auf die reine Gehzeit ohne Rast und Pausen. Diese Gehzeiten orientieren sich an den offiziellen, auf den Beschilderungen vor Ort angegebenen Zeiten. Naturgemäß können sie nur als grobe Richtwerte dienen, sind aber für den durchschnittlichen Wanderer recht großzügig bemessen.

Einkehr und Hütten

Das Allgäu ist gastronomisch bestens erschlossen, sodass es kaum eine Wanderung ohne Einkehrmöglichkeit gibt. Rund um die Bergstationen von Seilbahn und Sessellift gibt es immer etwas zu essen und zu trinken, auf abgelegenen Touren stößt man immer wieder auf eine der zahlreichen Alpenvereinshütten, die in alpinen Höhen zwischen 1600 und 2000 m Kost und Logis bieten (www.dav-huettensuche.de). Und da im gesamten Wandergebiet noch über 700 Almen – bzw. Alpen, wie sie im Allgäu und auch im Kleinwalsertal heißen – verteilt sind, auf denen das Vieh den Sommer verbringt, trifft man als Wanderer fast überall auf bewirtschaftete Hütten.

Saison und Öffnungszeiten: Die in unmittelbarer Nähe der Seilbahn-Bergstationen gelegenen Hütten und Restaurants haben in der Regel ohne jegliche Ruhetage während der Seilbahn-Betriebszeiten geöffnet. Die Öffnungszeiten der hoch gelegenen Alpenvereinshütten sind durch die Höhe bzw. durch den Winter begrenzt; die Sommersaison ist sehr unterschiedlich, aber als grober Richtwert kann Anfang Juni bis Anfang Oktober gelten. Anders sieht es bei den meist privaten Hütten aus, bei denen es sich in erster Linie um Alphütten handelt, die nebenbei Wanderer verköstigen. Deren Sommersaison dauert meist nur so lange, wie auch das Vieh auf der Alm ist, also etwa von Mitte Juni bis zum Viehscheid Mitte September. Mit einem wöchentlichen Ruhetag darf man rechnen. Besonders bei etwas abgelegenen Hütten weist meist ein Schild bereits frühzeitig darauf hin, wenn die Hütte geschlossen hat.

Angaben zu den Einkehrmöglichkeiten auf der jeweiligen Tour findet man bei den Kurzinfos.

Kinder und Kinderwagen

Alle hier vorgestellten Wanderungen verlaufen auf sicheren Wegen und sind für Kinder geeignet; wie es mit der »Wanderlust« der Sprösslinge aussieht, steht natürlich auf einem anderen Blatt – dies wissen die

Der Christlessee im Trettachtal (Tour 22).

Die Alpwiesen von Grasgehren am Weg zum Riedberger Horn (Tour 17).

Eltern am besten. Auf den meisten vorgestellten Touren kommt man früher oder später ans Wasser (Seen, Tobel, Wasserfälle usw.), sodass es immer wieder Möglichkeiten zum Spielen (und Baden) gibt. Und auch die überwiegend recht kurzen Gehzeiten sind sehr kinderfreundlich. In den Kurzinfos ist beschrieben, was es unterwegs für Kinder zu entdecken gibt, wo Spielplätze sind und ob die Tour mit einem – halbwegs geländegängigen – Kinderwagen befahren werden kann.

Winterwanderungen

Winterurlaub in den Bergen ist längst nicht mehr auf reine Skifahrer begrenzt. Immer mehr Besucher kommen in der kalten Jahreszeit »nur« zum Wandern und Spazierengehen in die oft nebelfreien Höhenlagen. Zahlreiche Wanderwege werden im Winter freigeräumt, und selbst viele Seilbahnbetreiber haben inzwischen auch die Nicht-Skifahrer als Klientel in der Wintersaison entdeckt, ihr Angebot entsprechend ausgebaut und bieten geräumte Winterwanderwege im Umfeld der Bergstationen an.

Ein Großteil der hier vorgestellten Touren ist also auch im Winter begehbar (s. jeweilige Kurzinfo). Allerdings sollten Winterwanderungen nur mit entsprechender Ausrüstung unternommen werden (Schuhe mit gutem Profil, Teleskopstöcke, evtl. Grödel bei festem Altschnee).

Notrufnummern

▶ Europäische Notrufnummer: 112 (Mobil-Tel. auch ohne PIN-Eingabe)
▶ Alpin-Notrufnummer: 140 (Tannheimer Tal), 144 (Kleinwalsertal)

Wetterberichte

▶ DAV, www.alpenverein.de (Wetterbericht für den gesamten Alpenraum und für die Ostalpen)
▶ ÖAV, www.alpenverein.at, telefonische Bandansage (kostenpflichtig), Tel. 0900 911566-81 (aus Österreich)
▶ Deutscher Wetterdienst, www.dwd.de
▶ http://wetter.orf.at (Berg-/Wetterbericht für Vorarlberg und Tirol)

Der Hochvogel ist ständiger Begleiter bei der Nebelhorn-Seenrunde (Tour 19).

GPS-DATEN

Zu diesem Wanderbuch stehen auf www.rother.de GPS-Daten und Koordinaten der Ausgangspunkte zum kostenlosen Download bereit – 5. Auflage, Passwort: 308805mtr Sämtliche GPS-Tracks wurden vom Autor nach Begehung der Touren auf digitalen Karten am PC nachgezeichnet. Verlag und Autor haben die Tracks und Wegpunkte nach bestem Wissen und Gewissen überprüft. Dennoch können wir Fehler oder Abweichungen nicht ausschließen, außerdem können sich die Gegebenheiten vor Ort inzwischen verändert haben. GPS-Daten sind zwar eine gute Planungs- und Navigationshilfe, erfordern aber nach wie vor sorgfältige Vorbereitung, eigene Orientierungsfähigkeit sowie Sachverstand in der Beurteilung der jeweiligen (Gelände-)Situation. Man sollte sich für die Orientierung auch niemals ausschließlich auf GPS-Gerät und -Daten verlassen.

Wanderkarten

Da ein Wanderkärtchen mit Routeneintrag Bestandteil einer jeden Tour ist, ist zusätzliches Kartenmaterial nicht unbedingt erforderlich. Ergänzend empfehlenswert sind dennoch insbesondere folgende Wanderkarten:

▶ Freytag & Berndt, Wander-, Rad- und Freizeitkarten, 1:50.000: WK 351 »Lechtaler Alpen – Allgäuer Alpen«, WK 352 »Ehrwald – Lermoos – Reutte – Tannheimer Tal«, WK 364 »Bregenzerwald« (www.freytagberndt.com)

▶ Landesamt für Digitalisierung, Breitband und Vermessung Bayern, Umgebungskarten, 1:50.000: UK 50-46 »Kempten (Allgäu)«, UK 50-47 »Allgäuer Alpen«, UK 50-48 »Füssen« (www.lvg.bayern.de)

▶ AVA-Allgäu, Zumstein-Wanderkarten, 1:25.000–1:35.000: diverse Wander- und Terrainkarten (www.ava-verlag.de)

Touristische Informationen

Anreise mit dem Auto
Das Allgäu ist mit dem Auto gut erreichbar: Auf der A 7 bzw. der ausgebauten B 19 kommt man weitgehend ungehindert bis Sonthofen im Oberallgäu. Die 10 km von hier bis Oberstdorf setzen an schönen Wochenenden allerdings häufig ein wenig Geduld voraus, denn die vermeintlich problemfreie Anreise zieht sehr viele Tagesbesucher ins Allgäu. Richtung Ostallgäu führt die Autobahn bis vor die Tore von Füssen. Generell muss man am Wochenende, insbesondere am Samstag (Quartierwechsel) mit teilweise etwas zähem Verkehr rechnen.
Parken: Parkplätze gibt es im gesamten Tourengebiet ausreichend, allerdings sind fast alle kostenpflichtig; und das gilt auch am Wochenende. Bei Benützung von Seilbahnen erstatten viele Betreiber einen Teil der Parkgebühren.

Anreise mit Bus und Bahn
Von ganz wenigen Ausnahmen abgesehen (s. jeweilige Kurzinfo) sind alle in diesem Buch beschriebenen Touren mit öffentlichen Verkehrsmitteln machbar – bei einigen ist allerdings etwas Geduld gefragt.
Bahn: Oberstdorf und Füssen werden i. d. R. stündlich von Regionalzügen angefahren. Von Augsburg, Ulm und München verkehren Züge via Kempten, von Lindau via Oberstaufen, über Immenstadt nach Oberstdorf. Nach Füssen bestehen Verbindungen von München und Augsburg über Buchloe und Kaufbeuren (Info: www.bahn.de).

Eine Busalternative zum Vilsalpsee (Tour 32): der »Tannheimer Alpenexpress«.

Die Söllereckbahn und der Hohe Ifen im Kleinwalsertal (Tour 25).

Bus: Die Busverbindungen bzw. -anschlüsse vor Ort sind sehr unterschiedlich: Die Verbindungen im Kleinwalsertal sind optimal (Busse einmal längs durch das gesamte Tal von Oberstdorf bis Baad alle 10 bis 20 Min.), und von Oberstdorf aus wird das Oberallgäu ebenfalls gut bedient. Im übrigen Ober- und Ostallgäu und im Tannheimer Tal ist das Busnetz zwar brauchbar, erfordert allerdings manchmal etwas Geduld und zeitliche Koordination, da Busse teilweise nur alle 1 bis 2 Stunden verkehren.

Zwecks Vorausplanung sind alle Busverbindungen im Internet einsehbar und stehen oft zum Download bereit:

▶ Südliches Oberallgäu und angrenzende Gebiete: www.oberallgaeu.org
▶ Südliches Ostallgäu: www.rvo-bus.de
▶ Allgäu, Großraum Kempten und Isny: www.rba-bus.de ⇨ Linienfahrpläne
▶ Kleinwalsertal: www.kleinwalsertal.com
▶ Tannheimer Tal: www.tannheimertal.at

Und wer sich länger in einer Region aufhält, für den lohnen sich die an Bahnhöfen und in Tourist-Infos erhältlichen kleinen, handlichen Fahrpläne mit allen Verbindungen.

Bergbahnen

Auf einigen Touren werden Kabinenbahn oder Sessellift benutzt, um schnell und bequem Höhe zu gewinnen bzw. am Ende der Wanderung knieschonend wieder ins Tal zu gelangen. Die Seilbahnen sind normalerweise ganzjährig in Betrieb, mit Revisionszeiten in den geschäftstechnisch eher lauen Übergangsmonaten November und April. Manche österreichische Bergbahnen fahren in den Nebensaison-Monaten (Mai/Anfang Juni sowie Oktober) mitunter nur an Wochenenden und/oder an schönen/trockenen Tagen. Die täglichen Betriebszeiten liegen in etwa zwischen 8.30 und 16.30 Uhr. Genauere Informationen sowie Telefonnummern und Internetseiten sind in den Kurzinfos angegeben.

Ermäßigungen

Aufgrund der zunehmenden Konkurrenz unter den Zielgebieten – und um mehr Tagesurlauber zu längeren Aufenthalten zu verleiten – werden fast überall Pauschalen für Mehrtagesgäste angeboten: kostenlose Busbenutzung bzw. stark ermäßigte Fahrpreise, teilweise Seilbahnen inklusive u. v. a., wie etwa bei der sogenannten »KönigsCard« (www.koenigscard.com) oder die Allgäu-Walser-Card. Meist wird alles auf eine Gäste-Chipkarte gebucht, was das tagtägliche Handling sehr vereinfacht.

Wegen der Vielzahl der Angebote und der häufigen Änderungen lohnt sich ein Besuch der Homepage des jeweiligen regionalen Tourismusbüros (s. Internet unten).

Internet

Neben den Internetauftritten der einzelnen Orte (s. Kurzinfos) gibt es für jede der Tourismusregionen eine offizielle Seite:
- www.allgaeu.info
- www.kleinwalsertal.com
- www.tannheimertal.com

Friedliche Stimmung am Hopfensee (Tour 39).

Die Wandergebiete im Überblick

Das Allgäu ist ein Paradies für Bergwanderer und Naturliebhaber und nicht ohne Grund eine der beliebtesten Urlaubsregionen Deutschlands. Ein Großteil steht unter Natur- oder Landschaftsschutz, doch richtige Wildnis darf man natürlich nicht erwarten. Das Allgäu ist eine seit Jahrhunderten besiedelte Kulturlandschaft mit einer noch immer sehr ausgeprägten Almwirtschaft – was sicher einen Teil des Reizes der Region ausmacht. Dies gilt auch für das Vorarlberger Kleinwalsertal und das Tiroler Tannheimer Tal, die sowohl natur- und kulturgeografisch als auch touristisch und ökonomisch eng mit dem Allgäu verwoben sind. Alles zusammen präsentiert sich als Wandergebiet, das für jeden Geschmack etwas bietet – und bei aller Popularität noch viele stille Ecken parat hält.

Westallgäu und Oberallgäu
▶ Touren 1–2 und 3–24

Das Oberallgäu ist geprägt vom breiten Illertal, das von den ersten hohen Bergen bei Immenstadt fast 20 km schnurgerade nach Süden in die Alpen bis nach Oberstdorf hineinreicht. Und dort findet es seine Fortsetzung in wunderschönen Tälern, die uns noch weiter hineinführen in die Allgäuer Bergwelt: ins Trettachtal, Stillachtal, Oytal oder ins Kleinwalsertal. Man befindet sich zwar mitten in den Bergen im Oberallgäu, dennoch präsentiert es sich durch die Weite seiner Täler überwiegend als sonnendurchflutete, freundliche Berglandschaft. Sanfte, von Alpwiesen überzogene Bergkuppen mit familienfreundlichen Wanderwegen wechseln sich ab mit hochalpiner Szenerie entlang des Allgäuer Hauptkammes mit

Hinterstein im gleichnamigen Oberallgäuer Tal (Tour 12).

Wanderer am Fellhorngrat über dem Kleinwalsertal (Tour 24).

seinen mächtigen Dolomitgipfeln, die auch den anspruchsvollsten Bergwanderer begeistern. Aussichtsreiche Gratwanderungen über die messerscharfen Kämme der berühmten Allgäuer Grasberge, blumenreiche Wiesenhänge, spektakuläre Höhenwege in 2000 m ü. NN, großartige Aussichtsgipfel, und mittendrin ein gutes Dutzend wunderschöner Bergseen, die jedem Alpenklischee gerecht werden.

Das ober- und westallgäuer Voralpenland besteht über weite Strecken aus lang gezogenen Höhenrücken, die anfangs teilweise noch bis über 1200 m ü. NN ansteigen, um mit zunehmendem Abstand vom Alpenrand allmählich an Höhe zu verlieren. Dazwischen weite Täler, kleine Dörfer inmitten von ausgedehntem Grünland und hier und da eingestreut ein malerischer See oder ein stilles Moor. Eine überraschend abwechungsreiche Landschaft mit weiten Ausblicken und einer Vielzahl schöner Wandermöglichkeiten.

Kleinwalsertal
▶ **Touren 25–29**

Dieses von der Breitach durchflossene Tal nimmt eine Sonderstellung ein. Es gehört zwar zu Österreich, bildet geografisch und touristisch aber eher eine Einheit mit dem Allgäu. Da die hohen Gipfel ringsherum eine vernünftige Verkehrserschließung nach Österreich unmöglich machen, ist das Tal nur über das Allgäu zu erreichen. Etwa 16 km lang und bis zu 7 km breit ist es sehr viel offener und siedlungsfreundlicher als seine Nachbarn Stillach- und Trettachtal. Im 13. Jahrhundert durch die namensgebenden Einwanderer aus dem Schweizer Wallis besiedelt, finden sich im Tal heute vier kleine Siedlungen, die den Lebensraum für etwa 5000 Menschen bilden.

Das Kleinwalsertal lebt fast ausschließlich vom Fremdenverkehr und gilt als Österreichs drittgrößte Touristendestination. Skifahrer finden beste Pistenverhältnisse und den Sommergast erwarten schier unbegrenzte Wandermöglichkeiten auf engstem Raum: die imposanten Berggipfel von Widderstein und Hohem Ifen, das Gottesackerplateau, aussichtsreiche Gratwanderungen auf Fellhorn und Walmendinger Horn, ein halbes Dutzend kleinerer Nebentäler mit schmucken Alphütten und herrlicher Natur, gemütliche Wiesenwege im Tal, die berühmte Breitachklamm und vieles mehr.

Tannheimer Tal
▶ **Touren 30–35**

Das Tiroler Tannheimer Tal ist ein etwa 15 km langes, wunderschönes Hochtal in rund 1100 m ü. NN zwischen dem Gaichtpass im Osten (hinüber zum Lechtal), dem Oberjoch im Westen (zum Ostrachtal im Oberallgäu) und dem Ostallgäu im Norden. Ein gutes Dutzend kleinerer Siedlungen liegt verstreut auf seinem weitgehend brettebenen Talboden, der sich im Sommer bei Radlern und im Winter bei Loipenfans großer Beliebtheit erfreut. Das Tannheimer Tal hat sich voll und ganz dem Tourismus verschrieben und bietet auf engstem Raum fast alles, was Wanderer- und Bergsteigerherzen höher schlagen lässt.

Blickfang sind die großartigen Gipfel der Tannheimer Berge, mächtige, helle Kalkgipfel, die sowohl für Wanderer als auch für Kletterer unzählige Möglichkeiten bieten. Im Süden wird das lang gestreckte Tal von den Ausläufern der Allgäuer Alpen flankiert, und eine Handvoll wunderschöner Bergseen runden das Bild ab. Problemlos kann man hier eine ganze Wanderwoche verbringen, so vielfältig ist das Tourenangebot: Großartige Panoramawege wie der Saalfelder Höhenweg, fantastische Aussichtsgipfel wie der Schartschrofen, stille Gipfel wie der Schönkahler, aussichtsreiche Kammwege am Hahnenkamm oder entspannte Touren durch die weiten Wiesen im Tal und entlang der Ufer eines Bergsees …

Das Tannheimer Tal vom Berghotel Zugspitzblick am Schönkahler (Tour 30).

Ostallgäu-Idylle am Alpsee, im Hintergrund die Königsschlösser (Tour 40).

Ostallgäu
▶ **Touren 36–42**

Das Ostallgäu wird häufig – besonders für die unzähligen ausländischen Urlauber – auf Schloss Neuschwanstein reduziert. Das Märchenschloss König Ludwigs II. ist die »goldene Kuh« einer ganzen Region und lockt Jahr für Jahr Millionen von Touristen in die Umgebung von Füssen. Das Schloss ist sicher Fluch und Segen zugleich, denn die Kehrseite der wirtschaftlichen Bedeutung sind die unzähligen Tages-, ja Stundentouristen, die fast ohne saisonale Unterbrechung an 365 Tagen im Jahr in langen Blechlawinen in das ansonsten beschauliche Ostallgäu rollen – mit entsprechenden Belastungen sowohl für die Bevölkerung als auch für die Umwelt.

Manch einer mag sich davon abschrecken lassen und gleich einen weiten Bogen um das Ostallgäu machen – und dabei übersehen, dass der Vollblut-Romantiker König Ludwig II. nicht ohne Grund genau an dieser Stelle sein Schloss hat bauen lassen: Denn der Königswinkel ist sicherlich eine der schönsten Landschaften, die Deutschland zu bieten hat.

Und da ein Großteil der Besucher fast ausschließlich Neuschwansteins wegen kommt und sich wenig Zeit für anderes nimmt, ist es abseits der Königsschlösser sowie einer Handvoll weiterer touristischer Anziehungspunkte (wie z. B. Füssens und der Bergbahnen hinauf auf Tegelberg, Breitenberg und Alpspitz) im Ostallgäu oft überraschend ruhig.

Dem Radler, Naturfreund und Wanderer kann es nur recht sein, denn das Ostallgäu bietet eine unglaubliche Vielfalt an schönen Unternehmungen und Wanderungen: großartige Aussichtsberge wie Tegelberg und Breitenberg, das malerische Füssen mit seinem mittelalterlichen Flair, zahlreiche wunderschöne Seen, beeindruckende Burgruinen, herrliche Radwege durch die Wiesen und Moore des leicht gewellten Alpenvorlandes, und als imposante Hintergrundkulisse die eindrucksvollen Gipfel der Tannheimer Berge und des Ammergebirges.

Westallgäu

1 Durch die Hausbachklamm

Stille Tobelwanderung

Vom Namen sollte man sich nicht täuschen lassen: Wer eine enge, wilde Felsschlucht mit tosendem Wasser à la Breitachklamm erwartet, mag enttäuscht sein. Vielmehr handelt es sich um einen idyllisch dahinfließenden Bach in einem engen, bewaldeten Tal. Auch einen wirklich spektakulären Wasserfall sucht man vergeblich, es plätschert und gluckert eher, als dass es wild rauscht, die Sonnenstrahlen dringen durch den hübschen Laubwald, die Vögel zwitschern – eine ganz friedliche, stille Atmosphäre, die man auf dem schönen, fast immer direkt am Wasser verlaufenden Weg genießen kann.

KURZINFO

Ausgangspunkt: Weiler im Allgäu, 632 m, Ortszentrum, Parkplätze neben der Kirche, Bushaltestelle.
Anfahrt: Der Ort Weiler liegt wenige Kilometer südöstlich von Lindenberg, erreichbar auf der B 308 von Oberstaufen bzw. von Lindau. Etwa stündlich verkehren RBA-Busse Linie 12 ab Lindenberg bzw. Röthenbach Bahnhof (dort Zuganschluss nach Immenstadt/Kempten bzw. Lindau). Navi: 88171 Weiler-Simmerberg, Kirchplatz 1.
Gehzeit: 3.00 Std.
Distanz: 9,9 km.
Höhenunterschied: 250 m.

Anforderungen: Leichte Tobelwanderung auf teils schmalen Pfaden, teils recht breiten Wald- und Schotterwegen, meist direkt am Bach entlang ohne größere Steigungen. Nach Regentagen streckenweise etwas matschig.
Einkehr: Keine Möglichkeit unterwegs.
Kinder: Der Weg verläuft fast immer direkt am Bach entlang und bietet viel Abwechslung und Möglichkeiten, Dämme zu bauen, Wasser umzuleiten usw. Kurz vor dem oberen Ausgang der Klamm wartet ein schöner Spielplatz direkt am Wasser.
Hinweis: Wer nicht wieder zu Fuß auf demselben Weg durch die Klamm zurücklaufen will, für den ist die Rückfahrt von Schnellers, ca. 5 km südlich von Weiler, fast nur per Taxi möglich, denn der kleine Ort hat eine sehr schlechte Busanbindung.
Tourist-Info: Tourist-Information Weiler–Simmerberg–Ellhofen, Hauptstr. 14, 88171 Weiler im Allgäu, Tel. +49 8387 39150, www.weiler-simmerberg.de.

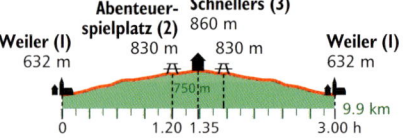

Der Weg beginnt in der Schulstraße, direkt gegenüber der Rückseite der Kirche von **Weiler (1)**. Es geht zwischen zwei Wohnhäusern hindurch und schon haben wir den Hausbach erreicht. Auf den ersten 500 m verläuft der Bach noch innerhalb des Ortes, an Gärten und Hinterhöfen entlang, sein Bett ist hier etwas eingeengt und mit Steinmauern eingefasst.

Aber kaum haben wir das letzte Haus des Ortes hinter uns gelassen, gewinnt die Natur Oberhand: Der Bach plätschert gemütlich durch sein Tal, ein hübscher Wald umgibt uns, und der Weg verläuft fast immer direkt am Ufer entlang – abgesehen von einem Abschnitt gleich im ersten Drittel der Tour, an dem wir uns ein gutes Stück vom Wasser entfernen. Ansonsten erwartet uns

In der Hausbachklamm.

eine sehr gemütliche Wanderung, mal Waldboden, mal Schotter, gelegentlich auch ein paar Holzstege (Vorsicht bei Nässe!). Die »Klamm« bietet keine größeren Aha-Erlebnisse, es sind vielmehr Kleinigkeiten, hier eine Stromschnelle, dort ein kleiner Wasserfall, Felswände, glatt polierte Steine, eine Wasseramsel, die knapp über der Wasseroberfläche entlangflitzt …

Auf halber Strecke wechseln wir auf die gegenüberliegende Bachseite und erreichen – etwa eine Viertelstunde vor dem oberen Ende der Klamm – einen hübsch direkt am Bach angelegten **Abenteuerspielplatz (2)**, an dem sich eine längere Pause anbietet und ggf. die Kleinen genug Zeit verbringen können, um Dämme zu bauen, Steinmännchen zu errichten, Wasserläufe umzuleiten und was alles so getan werden muss an einem schönen Bergbach. Schließlich bringen wir noch den restlichen Weg hinter uns und erreichen die kleine Häuseransammlung von **Schnellers (3)** an der Straße nach Weiler.

Zurück nach **Weiler (1)** geht es – fast nur bergab – auf demselben Weg, der ja nicht allzu lang ist und in der Gegenrichtung wieder ganz andere Perspektiven bietet. (Die Busse Schnellers – Weiler fahren nur sporadisch, s. Hinweis.)

Westallgäu

2 Im Eistobel

Berauschende Wasserspiele im Westallgäu ★★

Die Obere Argen hat sich tief in die Westallgäuer Landschaft eingeschnitten und den wildromantischen Eistobel (Argentobel) mit imposanten Wasserfällen, rauschenden Kaskaden und strudelnden Gletschertöpfen geschaffen. Auf rund zweieinhalb Kilometern zieht sich ein angenehmer Waldweg immer direkt am Wasser entlang flussaufwärts durch den mal wilden und felsigen, mal zahmen Tobel mit flachen Kiesbänken, an denen sich auch Kinder die Zeit vertreiben können und idyllische Rastplätze angelegt sind. Eine schöne, gemütliche und kurze Familientour, die besonders an Wochenenden allerdings auch gut frequentiert ist.

KURZINFO

Ausgangspunkt: Eistobelbrücke (Argentobelbrücke), 709 m, auf halber Strecke zwischen Maierhöfen und Grünenbach, Parkplatz mit Eingangs-Infopavillon, Bushaltestelle.

Anfahrt: Der Eistobel liegt wenige Kilometer südlich von Isny Richtung Oberstaufen; Parkplätze und Besucherinfo bei der Argentobelbrücke. RBI-Busse Linie 731 zwischen Isny und Röthenbach (Bhf.), unregelmäßig alle 1 bis 3 Std., Haltestelle »Eistobelbrücke«. Navi: 88167 Grünenbach, Hauptstraße 83.

Gehzeit: 1.30 Std.
Distanz: 4,7 km.
Höhenunterschied: 100 m.
Anforderungen: Leichte Tobelwanderung auf teils schmalen Pfaden, teils recht breiten Wald- und Schotterwegen, meist direkt am Bach entlang ohne größere Steigungen.
Einkehr: Keine unterwegs.
Kinder: Der Weg verläuft meist direkt am Bach entlang. Es gibt Wasserfälle zu bestaunen, und an vielen Stellen finden sich breite Kiesbänke im flachen Wasser zum Spielen und Herumklettern.
Winter: Im Winter ist der Tobel offiziell gesperrt, die Wege werden weder geräumt noch gestreut.
Tourist-Info: Gästeamt Grünenbach, Ebratshofen 33, 88167 Grünenbach, Tel. +49 8383 929981, www.vg-argental.de; Infopavillon Eistobelbrücke (Mai–Okt.), Tel. +49 8383 7265, www.eistobel.de.

Die Obere Argen hat sich tief in die Landschaft eingeschnitten, deshalb beginnt die Wanderung mit einem längeren Abstieg hinunter zum Fluss: Vom Parkplatz (1), mit Infopavillon über den Tobel, geht es recht steil auf vielen Stufen durch den dichten Wald abwärts, mit der fast etwas bedrohlich wirkenden Brücke über uns. Bald haben wir den Fluss erreicht, halten uns rechts und wandern gemütlich direkt am Wasser entlang flussaufwärts. Das Tal hat hier keine typische Tobel-Topografie, das Wasser plätschert noch recht friedlich durch einen lichten Laubwald.

Nach etwa 15 Minuten beginnt der eigentliche Tobel mit Felspartien und mächtigen Felsblöcken, zwischen denen das Wasser hindurchströmt, mit Stromschnellen, Wasserfällen und glatt polierten Felsen, über die der Fluss hinwegschießt. Unterhalb der »Ersten Wasserfälle« weitet sich die Argen etwas, breite Kiesbänke locken die Kleinen zum Spielen, und bei Niedrigwasser kann man auf den im Flussbett freiliegenden Nagelfluhfelsen herumklettern (aber Vorsicht: Rutschgefahr!). Ein idyllisches Picknickplätzchen – und ein Paradies für Wasseramseln, die man häufig dabei beobachten kann, wie sie pfeilschnell knapp über der Wasseroberfläche hin und her sausen. Der Weg wird nun etwas anstrengender, es geht immer etwas auf und ab, ohne wirklich zu überfordern. Vorbei am »Großen Wasserfall« und der »Hohen Wand« (an der sich ebenfalls Picknickbänke befinden und Kinder im und am Wasser spielen können) gelangen wir schließlich zum Eistobelsteg (2), über den wir auf das linke Flussufer wechseln.

Schäumende Kaskade im Eistobel.

Dahinter geht es steil bergauf, Grund für die meisten, hier umzukehren. Wer sich den zwar recht anstrengenden, aber doch kurzen Anstieg gönnt, gelangt nach etwa 10 Minuten (immer rechts halten; erster Wegweiser »Hohenegg« und dann »Parkplatz Schüttentobel«) zu einem kleinen Stausee (3), hinter dem eine hohe, glatt polierte Nagelfluh-Felswand aufragt, 745 m. Ganz still ist es hier, insbesondere im Vergleich zu dem Rauschen und Plätschern des Wassers, das uns den gesamten Hinweg begleitet hat und dessen Lautstärke uns erst jetzt richtig bewusst wird, wenn es plötzlich ganz ruhig ist; nur einige zwitschernde Vögel füllen die Stille. Hinter dem Stausee geht es noch 200 m weiter bis zum »Hinterausgang« des Eistobels.

Wir kehren hier um und wandern auf demselben Weg in rund 45 Minuten – weitgehend leicht bergab bis zum kurzen, aber steilen Schlussanstieg – zurück zum Ausgangspunkt an der Argentobelbrücke (1).

Oberallgäu

3 Hauchenberg und Schwabenhöhe

Gratwanderung zu schönem Aussichtsturm ★

Den hohen Bergen der Nagelfluhkette vorgelagert finden sich im Dreieck zwischen Isny, Oberstaufen und Immenstadt zahlreiche in West-Ost-Richtung verlaufende, jeweils durch tiefe Täler voneinander getrennte Höhenrücken, die nach Norden hin allmählich niedriger werden. Einer davon ist der Hauchenberg, der sich wie ein riesiger, gestrandeter Wal oberhalb von Missen erhebt. Hat man erst den steilen Anstieg an seinem Westende bewältigt, erwartet den Wanderer ein herrlicher, ruhiger und aussichtsreicher Wanderweg über seinen breiten Rücken bis zu seinem höchsten Punkt, 1242 m, der vom Aussichtsturm »Alpkönigblick« gekrönt wird.

Der Aussichtsturm am Hauchenberg.

KURZINFO

Ausgangspunkt: Wilhams, 889 m, Parkplatz in der Ortsmitte, gegenüber der kleinen Dorfkirche beim Gasthof Zur Sonne.
Anfahrt: Das Dorf Wilhams liegt rund 2 km nordwestlich von Missen an der Straße Immenstadt – Isny. Die nächstgelegene Bushaltestelle befindet sich etwa 1 km entfernt an der Hauptstraße, Haltestelle »Abzweig Wilhams«, die Busverbindungen (RVA-Linie 9782) sind allerdings dürftig und zeitlich auf Schülertransport nach/von Immenstadt ausgerichtet (ca. alle 2 Std.). Navi: 87547 Missen-Wilhams, Wilhams.
Gehzeit: 3.15 Std.
Distanz: 9,5 km.
Höhenunterschied: 370 m.
Anforderungen: Schmale Wege und Trampelpfade über den breiten Kamm (Wiese und Wald).
Einkehr: Kling's Hütte, ca. 1200 m, in Sichtweite etwas unterhalb des Aussichtsturmes, meist nur an Wochenenden und Feiertagen bewirtschaftet (ob die Alphütte geöffnet ist, kann man vom Aussichtsturm aus an einer gehissten Fahne erkennen).
Kinder: Abgesehen vom steilen Anstieg am Anfang der Tour eine leichte Wanderung auf dem breiten Grat. Neben dem schönen Turm am Ziel der Wanderung gibt es auf halbem Weg eine »Räuberhöhle« zu entdecken. Der Weg ist nicht kinderwagentauglich.
Tourist-Info: Tourismusbüro Missen-Wilhams, Hauptstr. 45, 87547 Missen, Tel. +49 8320 456, www.missen-wilhams.de.

Gleich gegenüber dem Parkplatz in Wilhams (1) beginnt ein breiter Wirtschaftsweg, der uns allmählich durch die dörfliche Idylle mit Weiden, Wiesen, Kühen und Obstbäumen aufwärtsleitet. An einer Kuppe, 932 m, macht der Forstweg eine scharfe Linkskurve, wir halten uns allerdings geradeaus und wandern auf einem schmalen Pfad weiter. Etwa 200 m weiter beginnt links der steile Aufstieg. Wir betreten ein kurzes Waldstück, das sich schon bald wieder zu einer Lichtung öffnet. Und schon tauchen rechts in der Ferne die ersten hohen Berge zwischen Grünten und Nagelfluhkette auf.

Blick vom Aussichtsturm Richtung Allgäuer Alpen, rechts unten Kling's Hütte.

Der Anstieg ist wahrlich nicht ohne, es geht weitgehend serpentinenfrei schnurgerade nach oben. Aber schon bald haben wir den Steilanstieg bewältigt und stehen auf dem Grat. Links fällt der Hang steil ab und ist dank des unzugänglichen Geländes von einem schönen Mischwald mit alten Bäumen bedeckt. Rechts wechseln sich während des gesamten Weges kleine Waldstücke mit offenen Wiesen ab, die mit zunehmender Höhe immer weitere Ausblicke hinüber Richtung Allgäuer Alpen gewähren. Ab jetzt geht es nur noch ganz gemächlich bergauf, mit Ausnahme einer kurzen etwas steileren Passage, mit der eine Felswand umgangen werden muss.

Kurz davor führt rechts ein etwa 100 m langer Stichweg zur sogenannten Räuberhöhle (2): Nicht besonders tief oder »wohnlich«, aber die steilen, frei stehenden Nagelfluhwände, von umgestürzten Bäumen und mächtigen Felsbrocken gesäumt, versprühen eine schöne Atmosphäre.

Der restliche Weg ist eine wahre Wonne: prächtige Ausblicke nach Süden Richtung Alpen – und auch mal in die andere Richtung zur Adelegg, wo scharfe Augen den Aussichtsturm am Schwarzen Grat erkennen können –, sonnige Wiesen und ebene, stille Wege, auf denen nur wenige andere Wanderer unterwegs sind. Und schließlich am höchsten Punkt der Tour der erst wenige Jahre alte Holz-Aussichtsturm Alpkönigblick (3), 1242 m, mit einer herrlichen Rundumsicht. Ein schöner Platz zum Picknicken und Genießen. Und wer einkehren möchte, hat es nicht weit bis zur Alpe Kling's Hütte, die etwas unterhalb des Aussichtsturmes zu erkennen ist.

Zurück nach Wilhams (1) geht es auf demselben Weg.

Oberallgäu

Hochebene am Imberg

4

Wiesenwanderung unter der Nagelfluhkette ★

Abgesehen von den steil aufragenden Nordwänden von Hochgrat und Rindalphorn haben die Berge rund um Oberstaufen eher Mittelgebirgscharakter; der Bodensee ist nicht mehr fern, und die Landschaft verliert allmählich an Höhe. Runde Formen dominieren, lang gezogene Bergrücken, offene Wiesen und unzählige Alphütten. Die Imbergbahn bringt uns hinauf in eine solche Landschaft, eine idyllische, von Mooren durchsetzte, almwirtschaftlich genutzte Hochebene zu Füßen der langen Nagelfluhkette.

KURZINFO

Ausgangspunkt: Imbergbahn (8er-Umlaufkabinenbahn; Betriebszeiten Anfang Mai bis Anfang Nov. 9–16.30 Uhr; Tel. +49 8386 8112, www.imbergbahn.de); Talstation Steibis, 913 m, großer Parkplatz, Bushaltestelle; Bergstation 1217 m.
Anfahrt: Von Oberstaufen ca. 5 km Richtung Hochgrat, hinter dem Ort Steibis, rechts hinauf und ca. 1,5 km bis zur Talstation. RVA-Busse Linie 9795 Oberstaufen (Bhf.) – Hochgrat alle 60 bis 90 Min., Bushaltestelle »Imbergbahn«. Navi: 87534 Oberstaufen-Steibis, In der Au 9.
Gehzeit: 3.15 Std.
Distanz: 9,3 km.
Höhenunterschied: 250 m.
Anforderungen: Voralpines Gelände, überwiegend leichte, breite Wege ohne größeren Steigungen.

Einkehr: Imberghaus, 1220 m, Restaurant an der Seilbahn-Bergstation; Alpe Glutschwanden, 1213 m; Hörmoosalpe, 1277 m; Alpe Hochwies, 1250 m; Berggasthof Hochbühl, 1180 m.
Kinder: Die Alplandschaft bei der Imbergbahn bietet sich geradezu an für einen Ausflug mit kleinen Kindern. Die Steigungen halten sich in Grenzen, ein »Erlebnispfad« bietet Abwechslung, das Gelände ist ungefährlich, Querwege erlauben immer wieder Abkürzungen. Und wenn die Kleinen schlapp machen, ist der zwischen Hörmoosalpe und Bergstation verkehrende Bus nie weit entfernt. Alle Wege sind kinderwagengeeignet.
Winter: Der Weg wird im Winter gewalzt.
Tourist-Info: Gästeinformation Steibis, Im Dorf 22, 87534 Oberstaufen-Steibis, Tel. +49 8386 8103, www.steibis.de.

Unterwegs zu Füßen des Hochhäderich.

Oberallgäu

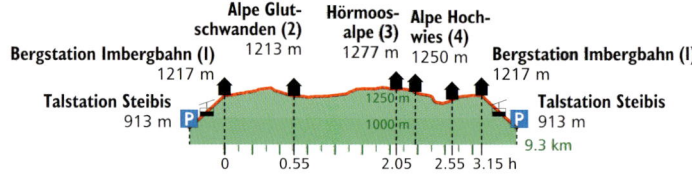

Unsere Wanderung beginnt bei der **Bergstation (1)** auf einem breiten Schotterweg, der sich ebenerdig durch einen hübschen Wald zieht. Wir queren eine Fahrstraße (wer überlegt, mit dem Bus von der Hörmoosalpe zurückzufahren, kann sich hier bei einer Haltestelle über die Abfahrtszeiten informieren) und folgen dem »Alpenerlebnispfad«, der nach einem kurzen Anstieg schön und ohne nennenswerte Steigungen oberhalb der Hochfläche am Hang entlangführt. Einzelne Infotafeln informieren über die Gegend oder animieren zum Mitmachen. Unser Weg verliert etwas an Höhe, passiert die **Alpe Glutschwanden (2)** und biegt kurz dahinter links ab, um ein wunder-

Der Nagelfluhgrat oberhalb der Hochebene.

schönes Hochmoor zu durchqueren. An der nächsten Abzweigung (kurz vor der Alpe Hintere Hochwies) wenden wir uns nach rechts in Richtung »Nagelfluhschleife« und »Hochhäderich«. Uns erwartet eine fast kitschige Alpenidylle: kleine Moore, Blumenwiesen, plätschernde Bächlein, Vogelgezwitscher …

Kurz vor einem Grenzschild nach Vorarlberg halten wir uns links (Beschilderung »Falkenhütte«), steigen etwas an und erreichen eine Ebene. Hier können wir entweder direkt links zur Hörmoosalpe, 1277 m, hinüberwandern oder (nur wenig länger) im Bogen rechts um einen größeren Teich herum, der das Zentrum der Ebene bildet. Bei der **Hörmoos-Alphütte (3)** wartet ein großer Alpenkräutergarten auf Besucher; und wem die Wanderung schon genügt, kann ab hier per Bus zurück zur Bergstation fahren (unregelmäßig, ca. alle 90 Min.).

Wer weiterwandern möchte, verlässt wenige Schritte hinter der Hütte die Straße und erreicht links über eine Wiese die **Alpe Hochwies (4)**. Dort stoßen wir wieder auf den »Erlebnispfad«, auf dem wir hinter der Alphütte steil eine Wiese zum **Lanzenbach**, 1126 m, hinabsteigen. Über einen Wirtschaftsweg treffen wir auf die Straße, die wir aber sofort wieder links verlassen und steil zur **Alpe Hochbühl (5)**, 1180 m, hinaufsteigen (Berggasthof mit Spielplatz und einer Handvoll Kleintiere). Danach folgt noch ein kurzes Straßenstück, bevor es durch das vom Hinweg bekannte Waldstück gemütlich zurück zur **Imbergbahn-Bergstation (1)** geht.

Oberallgäu

5 Vom Hündle zur Alpsee-Bergwelt

Durch blühende Wiesen von Alp zu Alp

Zwischen Oberstaufen und Immenstadt zieht sich fast schnurgerade das Konstanzer Tal quer zu den Alpen von West nach Ost. Die Berge werden hier allmählich niedriger und erreichen nur noch im langen Himmeleckgrat die 1500-Meter-Marke. Das Tal wird auf beiden Seiten von lang gezogenen Bergrücken flankiert, deren steile Hänge mit zahllosen Alphütten gespickt sind. Auf dieser Tour durchwandern wir die südseitigen Hänge des Konstanzer Tales: Etwa 300 Meter über dem Talboden zieht sich auf fast der gesamten Tallänge eine schmale Hochebene entlang, wie geschaffen für die almwirtschaftliche Nutzung. Und die Wanderer kommen in den Genuss von herrlichen, blumenreichen Wiesen, stillen Wegen, weiten Ausblicken und urigen Alphütten.

KURZINFO

Ausgangspunkt: Hündlebahn (8er-Umlaufkabinenbahn; Betriebszeiten Anfang Mai bis Anfang Nov. 9–16.30 Uhr; Tel. +49 8386 8112, www.huendle.de); Talstation 770 m, großer Parkplatz, Bushaltestelle; Bergstation 1050 m.

Anfahrt: Von Oberstaufen auf der B 308 etwa 3 km Richtung Immenstadt. RVA-Busse Linie 39 zwischen Immenstadt und Oberstaufen im Stundentakt; Haltestelle »Knechtenhofen/Hündlelift«. Navi: 87534 Oberstaufen, Hinterstaufen 10.

Endpunkt: Alpsee-Bergwelt-Sesselbahn (Betriebszeiten Ende April bis Anfang Nov. 9–17 Uhr; Tel. +49 8325 252, www.alpsee-bergwelt.de); Bergstation 1100 m; Talstation 740 m, Bushaltestelle »Ratholz/Alpsee Bergwelt«. Rückfahrt zum Ausgangspunkt mit Bus Linie 39 Oberstaufen – Immenstadt, etwa 1-mal/Std. (So schlechtere Verbindung).

Wanderweg über dem Konstanzer Tal.

Gehzeit: 4.00 Std.
Distanz: 10,3 km.
Höhenunterschied: 260 m Aufstieg, 210 m Abstieg.
Anforderungen: Überwiegend breite, angenehme Wege (wechselnder Untergrund: Teer, Schotter und Wiese) von Alphütte zu Alphütte mit einigen wenigen Steigungen; kleinere Teilstücke können nach Regenfällen etwas matschig sein.

Einkehr: Berggaststätte s'Hündle, 1050 m, direkt an der Hündlebahn-Bergstation; Obere Hündlealpe, 1070 m; Moosalpe, 1009 m; Kuhschwandalpe, 1070 m; Berghütte Bärenfalle, 1100 m, direkt neben der Bergstation Alpsee-Bergwelt (mit Kinderspielplatz); Rodelwirt, 740 m, Café-Restaurant an der Talstation Ratholz.

Kinder: An der Hündle-Talstation gibt es eine Sommerrodelbahn und einen schönen Spielplatz. Am Ende der – allerdings recht langen – Tour warten bei der Bärenfalle zahlreiche Attraktionen (bei denen man viel Geld lassen kann), u.a. die »Abenteuer-Alpe« (großer, kostenpflichtiger Spielplatz), ein (kostenpflichtiges) Trampolin, ein Kletterwald und die Abfahrt mit der Ganzjahres-Rodelbahn »Alpsee Coaster«. Für Kinderwagen ist die Tour nicht empfehlenswert. Eine kürzere Alternative mit Buggy – generell für kleinere Kinder wohl ausreichend – führt von der Hündle-Bergstation bis zur Hochsiedelalpe und zurück; oder der 2-stündige Wald-Erlebnispfad (über Hochsiedelalpe, Schwandalpe und zurück zur Talstation).

Tourist-Info: Oberstaufen Tourismus, Haus des Gastes, Hugo-von-Königsegg-Str. 8, 87534 Oberstaufen, Tel. +49 8386 93000, www.oberstaufen.de.

Alpidyll an der Bärenschwändle-Alpe.

Von der **Hündle-Bergstation (1)** führt ein breiter Schotterweg in wenigen Minuten hinüber zur Sennalpe **Obere Hündlealpe (2)**. Direkt dahinter »erhebt« sich der **Hündlekopf (3)**, 1111 m, ein kleiner Wiesenbuckel, auf den wir kurz hinaufsteigen. Trotz seiner überschaubaren Dimensionen bietet er ein überraschend weites und schönes Panorama: Der Hochgrat im Süden, ganz entfernt im Westen der Säntis, das flache Westallgäu und im Osten das lange Konstanzer Tal mit dem Großen Alpsee am hinteren Ende.

Vom Gipfel steigen wir die wenigen Meter wieder hinab bis zum Schotterweg, auf dem wir uns rechts halten und mit schönem Blick hoch über dem Tal ostwärts wandern. Bald sehen wir vor uns die schönen Wiesen der **Hochsiedelalpe**, auf denen im April, kurz nachdem hier oben der letzte Schnee geschmolzen ist, unzählige Krokusse aus dem Boden schießen. Bei der Alpe verlassen wir den breiten Weg, wandern geradeaus über den Wiesenkamm und steigen schließlich durch Wald steil hinunter zur **Moosalpe (4)**. Von dort führt – vorbei an einigen Hütten – ein breiter Wirtschaftsweg in weitem Bogen rechts um einen bewaldeten Tobel herum bis zur **Bärenschwändlealpe**.

Danach folgen wieder Wiesen, ein weiterer Taleinschnitt und die **Kuhschwandalpe (5)**. Dort geht der breite Weg in einen Wiesenpfad über, auf dem wir ansteigend in einem erneuten weiten Rechtsbogen hinüber zur Leutschwandalpe gelangen. Wir queren die oberen Ausläufer des Hubertobels, passieren die **Huberschwändlealpe** und wandern schließlich auf einem schönen Wiesen-Panoramaweg hoch über dem Konstanzer Tal Richtung **Rauhgundalpe**. Kurz vor der Hütte halten wir uns rechts, umwandern in weitem Bogen unseren letzten Tobel auf der heutigen Tour und nähern uns allmählich der **Bergstation der Alpsee-Bergwelt (6)**, bei der – dank Gasthaus, Großtrampolin, Spielplatz, Kletterwald und Sommerrodelbahn – immer ziemlich viel Betrieb herrscht. Bergab zur **Talstation Ratholz** und zur Bushaltestelle geht es per Sessellift, rasant mit dem »Alpsee Coaster« (Ganzjahres-Rodelbahn) oder zu Fuß (45 Min.).

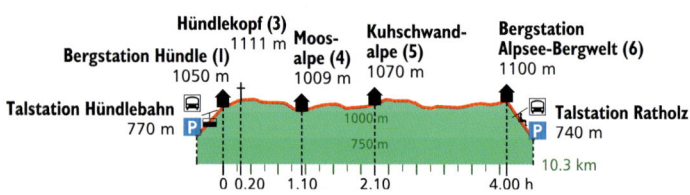

Oberallgäu

Thaler Höhe und Salmaser Höhe

6

Auf stillen Wegen zu herrlichen Aussichtspunkten ★★

Auf der nördlichen Seite wird das Konstanzer Tal zwischen Immenstadt und Oberstaufen von einem langen Grat flankiert, der in der Thaler und der Salmaser Höhe seine höchsten Punkte erreicht. Wir nähern uns diesem recht unscheinbar wirkenden Kamm von seiner weniger steilen Nordseite und kommen in den Genuss von wunderbaren Aussichtspunkten hoch über dem Tal und dem Großen Alpsee, gemütlichen Alphütten und stillen Wegen durch weite Wiesen und hübsche Laubwälder.

KURZINFO

Ausgangspunkt: Wiederhofen, kostenloser Parkplatz am Skilift »Thalerhöhe«, 935 m.
Anfahrt: Am westlichen Ortsende von Missen hinter den Sportplätzen in weiten Kehren hinauf ca. 4 km nach Wiederhofen, von dort wieder etwas bergab Richtung Skilift und Campingplatz. Kein vernünftiger Busverkehr. Navi: 87547 Missen-Wilhams/Wiederhofen, Zur Thaler Höhe 8.
Gehzeit: 4.15 Std.
Distanz: 11,5 km.
Höhenunterschied: 380 m.
Anforderungen: Voralpines Gelände, teils breite Alpzufahrtswege, teils schmale Waldwege oben auf dem Kamm.
Einkehr: Pfarralpe, 1045 m; Trähers Alpe, 1118 m.
Kinder: Eine leichte Tour. Moor, Wiesen, Wald, zwei Alphütten, ein schöner Kammweg und zwei Aussichtspunkte versprechen genug Abwechslung. Für Kinderwagen ist der Weg teils zu holprig.
Tourist-Info: Tourismusbüro Missen-Wilhams, Hauptstr. 45, 87547 Missen, Tel. +49 8320 456, www.missen-wilhams.de.

Der Große Alpsee und der Grünten vom »Seeblick«.

Oberallgäu

Vom großen, im Sommer etwas verwaist daliegenden Parkplatz (1) gehen wir ein paar Meter zurück bis zur Teerstraße, dann ostwärts am Campingplatz vorbei und an der nächsten Abzweigung schräg rechts. Hinter einem einzeln stehenden Bauernhaus geht die Straße in einen Wiesenweg über, dem wir für etwa 800 m folgen, bis wir auf einen geschotterten Wirtschaftsweg, 988 m, stoßen.

Dort halten wir uns rechts und wandern gemütlich durch eine für diese Tour so typische Alplandschaft mit ihrem Flickenteppich aus Wiesen, Weiden, Wald und Mooren. Ein letzter Anstieg auf einem Trampelpfad durch offene Wiesen bringt uns hinauf zur Pfarralpe (2), die – von uralten Bäumen gesäumt – sehr hübsch auf einer Kuppe, 1045 m, thront. Hinter der Alpe bleiben wir für etwa 200 Meter auf dem Zufahrtsweg, um dann rechts über Wiesen in Richtung »Seeblick« und »Thaler Höhe« einzubiegen. Nach einem kleinen Anstieg erwartet uns links ein kurzer Abstecher zum Seeblick (3). Ein wunderschönes Fleckchen: der Große Alpsee in seiner vollen Pracht unter uns, dahinter der Grünten und gegenüber der lange Grat mit Immenstädter und Gschwender Horn.

Der weitere Weg verläuft nun für längere Zeit immer direkt auf dem Kamm. Der Wald, der uns anfangs noch umgibt, öffnet sich bald und macht Platz für die wiesenbedeckte Kuppe der Thaler Höhe (4), 1166 m, die uns einen weiten Blick ins Allgäuer Alpenvorland gewährt.

Es geht wieder leicht bergab, quer über eine Teerstraße und auf der anderen Seite auf einem schmalen

Die Pfarralpe oberhalb von Missen.

Pfad Richtung Salmaser Höhe. Wir steigen durch einen hübschen Mischwald an und erreichen bald darauf erneut eine freie Wiesenkuppe mit schönem Blick über das Konstanzer Tal. Nach ca. 5 Minuten weist uns rechts ein Schild den Weg zur »Trähers-Alpe«.

Vorher gönnen wir uns aber noch einen Abstecher zur Salmaser Höhe (5): Etwa 10 weitere Minuten über den bewaldeten Kamm, dann stehen wir auf dem höchsten Punkt dieser Tour, 1254 m, einer herrlichen, meist sehr stillen Wiesenkuppe mit prächtigem Ausblick. Genau gegenüber zieht sich quer der lange Himmeleckgrat entlang, dahinter ragen vereinzelt die höchsten Gipfel des Nagelfluhkamms auf. Dann geht es auf dem Gratweg wieder zurück bis zum besagten Abzweig, dort ziemlich steil und weglos hinunter zur Trähers Alpe (6).

Ein kurzes Straßenstück, und gleich hinter der Alphütte wieder rechts den recht steilen Wiesenhang schnurgerade und weitgehend weglos bergab Richtung »Wiederhofen«. Bei einer Hütte treffen wir wieder auf einen »richtigen« Weg, auf dem wir links bzw. dann erneut bergab weiter absteigen bis wir schließlich unten im Tal auf eine Teerstraße stoßen. Auf dieser kommen wir rechts nach etwa 1 km zu unserem Ausgangspunkt, dem Parkplatz (1) am Skilift, zurück.

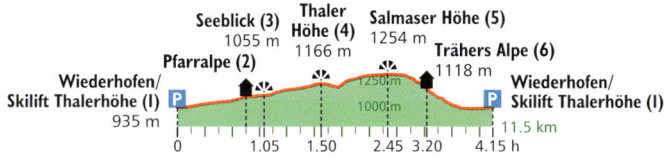

Oberallgäu

7 Rund um den Großen Alpsee

Einmal um den größten Natursee des Allgäus

Der Große Alpsee, der die gesamte Breite des Konstanzer Tales ausfüllt, das sich von Immenstadt nach Oberstaufen zieht, ist mit über drei Kilometer Länge nicht nur der größte Natursee des Allgäus, sondern sicher auch einer der schönsten. Das hat sich inzwischen herumgesprochen, und auch die touristische Vermarktung hat gewaltig angezogen. Das Ostufer platzt an schönen Sommertagen aus allen Nähten, Cafés, Restaurants, Kiosk, Tretbootverleih, Eisdiele, Minigolf, Souvenirmünzen-Prägeautomat … das volle Programm. Fast jedes Jahr wird die Parkplatzkapazität erhöht und reicht doch an vielen Tagen nicht aus. Aber da sich der Hauptansturm auf das Ostufer beschränkt, ist diese schöne Wanderung zum großen Teil erstaunlich einsam. Schöne Wege, oft direkt am Ufer, Feuchtwiesen, stille Waldpfade und ein hoher Wasserfall warten auf den Wanderer.

Der Gschwender Wasserfall.

KURZINFO

Ausgangspunkt: Bühl, Parkplatz »Froschweiher«, 732 m, am Ostufer des Alpsees beim Seecafé Hauser.

Anfahrt: Von Immenstadt etwa 2 km Richtung Missen, in den kleinen Ort Bühl am Alpsee abbiegen und auf schmaler Straße auf der östlichen Seeseite parallel zur Eisenbahn Richtung Trieblings. Kurz vor dem »Anlieger frei«-Schild befindet sich ein großer Parkplatz. Vom Bahnhof Immenstadt bis zum Alpsee sind es ca. 2 km (recht hübscher Fußweg), RBA-Busse Linie 39 Immenstadt-Oberstaufen passieren Bühl (Haltestelle »Gästeamt«) etwa 1-mal/Std. Navi: 87509 Immenstadt-Bühl, Trieblinger Weg 40.

Gehzeit: 3.30 Std.
Distanz: 11,1 km.
Höhenunterschied: 170 m.

Anforderungen: Die Wege entlang des Sees bis hinüber zum Jägerhaus sind völlig steigungslos, breit und leicht zu gehen; auf der Bergseite im Wald gibt es einige steilere Passagen mit holprigem Untergrund.

Einkehr: Seecafé Hauser; Landgasthof Jägerhaus; Cafè »Seeblick« am Ostufer; diverse Möglichkeiten in Bühl am Hafen.

Kinder: Die größte Abwechslung bietet das östliche Seeufer bei Bühl: Minigolf, Tretbootverleih, Eisdiele, Abenteuerspielplatz, Bademöglichkeiten u. v. a. Wer seine Kinder trotzdem zum Wandern motivieren kann, hat die Möglichkeit, nach der Hälfte (beim Jägerhaus, gegenüber der Alpsee-Bergwelt mit Sommerrodelbahn) einen Bus zurück nach Bühl zu nehmen (ca. 1-mal/Std.). Wegen des holprigen Waldstücks im letzten Wegdrittel ist die Tour als Runde nicht mit dem Kinderwagen zu machen, aber der Seeuferweg ist auf der ganzen Länge bestens geeignet.

Bademöglichkeit: Fast das gesamte Ostufer ist Badezone, teilweise sehr flaches Wasser; der Untergrund ist allerdings oft recht steinig und unangenehm für die Füße. Am Nordufer gibt es einen kleinen FKK-Bereich.

Winter: Die Uferpromenade wird vom Bühler Hafen bis zum ersten Bahnübergang bei Alpseewies geräumt.

Tourist-Info: Gästeinformation Immenstadt, AlpSeeHaus, Bühl am Alpsee, Seestr. 10, 87509 Immenstadt, Tel. +49 8323 998877, www.immenstadt.de.

Beliebtes Naherholungsgebiet: der Große Alpsee.

Vom **Parkplatz Froschweiher (1)** gehen wir ein paar Schritte wieder zurück und unterqueren beim Seecafé Hauser die Eisenbahngleise. Der knappe Kilometer zwischen diesem Café und dem kleinen Hafen in Bühl ist die touristische »Kernzone« des Alpsees und im Sommer bzw. am Wochenende entsprechend voll. Wir wenden uns allerdings hier nach rechts und steuern ruhigere Gefilde an. Auf einem schön angelegten Weg wandern wir direkt am Seeufer entlang, das hier – abgesehen von kleinen Stellen – viel zu steinig ist, um Badegäste anzulocken. Im weiteren Verlauf schieben sich zwischen Ufer und Weg mitunter kleine Wiesen oder Schilfgürtel, aber immer wieder treffen wir direkt auf das Wasser. Ein ganz gemütlicher und wunderschöner Spazierweg. Nach rund 3 km nähern wir uns allmählich dem Westende des Sees, wandern noch knapp 600 m an Feuchtwiesen entlang und biegen dann nach links in einen Weg Richtung »Jägerhaus« ein; über die kleine Konstanzer Ach und dann quer durch Wiesen, bis wir beim **Landgasthof Jägerhaus (2)** auf die Bundesstraße treffen.

Wir wechseln durch die Unterführung auf die andere Seite (dort sind – falls erforderlich – mit der Alpsee-Coaster-Rodelbahn und dem Rodelwirt Abwechslung und Verpflegung im Angebot), wo wir der Beschilderung »Gschwend/Bühl« folgen. Der schmale Weg verläuft für wenige Minuten recht nah an der Bundesstraße entlang, ehe es leicht bergauf geht. Vor uns kommt der kleine, schilfgesäumte Teufelsee in Sicht,

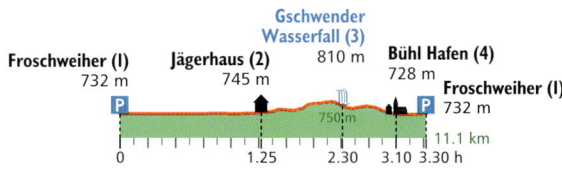

Oberallgäu

dahinter der Große Alpsee. Auf einem schmalen Pfad queren wir einen steilen Wiesenhang, zwar in Sichtweite der Straße, aber doch weit genug vom störenden Rauschen des Verkehrs entfernt.

Oberhalb eines großen Bauernhofs lassen wir dann auch diese Geräusche hinter uns und tauchen in einen dichten Mischwald ein. Uns erwartet ein schöner Waldweg, der sich durch den von zahllosen kleinen Tobeln durchschnittenen Hang aufwärtszieht. Schließlich erreichen wir den Waldrand, vereinzelt tauchen Häuser auf, zwischen denen wir auf einer breiten Fahrstraße Richtung Bühl wandern. Direkt hinter einem Bach (beim Schullandheim; meist stehen dort grüne Reisebusse) zweigt links etwas versteckt ein Weg ab, auf dem wir ziemlich steil über viele Stufen den dicht bewaldeten Hang hinabsteigen. Nach wenigen Minuten führt links ein kurzer Stichweg zum hübschen und überraschend hohen **Gschwender Wasserfall (3)**.

Nach diesem Abstecher wandern wir noch ein paar Schritte bergab, dann im Wald Richtung **Rieder**. Wir treffen auf die Orts-Hauptstraße, verlassen diese aber sofort wieder (gleich nach dem ersten Bauernhof) und biegen links in den »Ergelweg nach Bühl«. Dieser ist nur unwesentlich länger als die Straße, aber sehr viel schöner. Mit freiem Ausblick auf den Alpsee führt der schmale Weg auf der »Rückseite« des Ortes entlang, ehe wir nach steilem Abstieg wieder auf die Straße treffen. Wir unterqueren die Bundesstraße und gehen rechts der Kirche hinunter zum Alpsee und zum **Hafen von Bühl (4)**. Mit AlpSeeHaus, Eisdiele, Kiosk, Spielplatz u. v. a. ist sicherlich für jeden etwas dabei, und bei aller Fülle ist es doch eine recht angenehme Atmosphäre rund um den kleinen Hafen.

Von hier fehlt nur noch knapp 1 km bis zum Ausgangspunkt am **Parkplatz (1)**, aber auf der hübschen Seeuferpromenade mit den vielen kleinen Badebuchten und den zahlreichen Bänken kann man sich für diese letzte Etappe der Wanderung auch etwas mehr Zeit lassen.

An der Seeuferpromenade.

Oberallgäu

8 Niedersonthofener Seerunde

Wunderschöner See in voralpiner Landschaft

Ein weiteres Juwel aus der Hinterlassenschaft des eiszeitlichen Illergletschers ist der Niedersonthofener See. Mit knapp drei Kilometer Länge ist er nur unwesentlich kleiner als der Große Alpsee bei Immenstadt und steht diesem an Schönheit kaum nach. Ein leichter Wanderweg ohne größere Steigungen führt um den See herum, leitet uns durch blühende Wiesen und kleine Wäldchen sowie immer wieder direkt ans Ufer und zu schönen Badestellen.

KURZINFO

Ausgangspunkt: Niedersonthofen, Parkplatz am Westufer des Sees, 710 m.
Anfahrt: Von der B 19 Kempten – Oberstdorf Abfahrt »Memhölz/Niedersonthofen«, ca. 5 km Richtung Niedersonthofen bis kurz vor den Ort. RVA-Busse Linie 9783 verkehren nur an Schultagen (unregelmäßig alle 1 bis 3 Stunden) zwischen Immenstadt und Niedersonthofen (Haltestelle »Campingplatz«). Die beste öffentliche Variante ist der Bahnhof Martinszell (Linie Immenstadt – Kempten, ca. 1-mal/Std.), von dort erreicht man in etwa 20 Min. das östliche Seeufer. Navi: 87448 Waltenhofen-Niedersonthofen, Wollmuths 50 (Gasthaus Sonne, von dort 500 m in östlicher Richtung).
Gehzeit: 2.20 Std.
Distanz: 7,4 km.
Höhenunterschied: 70 m.
Anforderungen: Breite, ebene Wege, eher Spaziergang als Wanderung, fast ohne Steigung.
Einkehr: Campingstüble (Camping Zeh); Landgasthof Seehof; Inselgaststätte (Camping Insel); Landgasthof Sonne, ca. 500 m vom Parkplatz entfernt in Richtung Niedersonthofen.
Kinder: Völlig gefahrlose Wanderung für Kinder, und das Seeufer ist meist in der Nähe. Vermutlich wird die schöne Badewiese am Westufer mit Kiesstrand zum Buddeln und Bauen aber verlockender sein als eine Seeumrundung. Die gesamte Runde ist kinderwagentauglich.
Bademöglichkeit: Große Liegewiese mit Kiesstrand am Westufer beim Campingplatz »Zeh« und am Ostufer beim Seehof. Auch zwischendurch immer wieder kleine Zugänge.
Winter: Der gesamte Rundweg wird im Winter geräumt.
Tourist-Info: Tourismusbüro Niedersonthofen, Sonnenstraße 9, 87448 Niedersonthofen, Tel. +49 8379 7792, www.niedersonthofen-see.de.

Ruhiges Plätzchen am Niedersonthofener See.

Der Parkplatz (1) verdankt seine Größe in erster Linie der nahe gelegenen und an warmen Sommertagen sehr beliebten Liegewiese am Seeufer. Wenn es hier also etwas voller ist, deutet das keineswegs auf überfüllte Wanderwege hin.

Auf einem breiten Schotterweg durch Wiesen wandern wir am Westufer des Sees hinüber zu dieser Liegewiese (2), mit Kiesstrand, Kiosk und Spielplatz, vorbei am kleinen Campingplatz (mit möglichem kurzem Abstecher zum Campingstüble am entgegengesetzten Ende) und weiter bis zur Südwestecke des Sees. Hier beginnt ein stiller Waldweg, der uns – meist direkt am Wasser entlang – fast auf der gesamten Südseite begleitet. Schließlich passieren wir einige kleine Sommerhäuschen und gelangen zum Landgasthof Seehof (3) an der Südostecke des Sees, ebenfalls mit hübscher Liegewiese, Spielplatz und Ministrand.

Nun biegen wir nordwärts ein und wandern – etwas erhöht oberhalb des Sees – durch sonnige Wiesen und genießen zur Linken einen schönen Blick über den See in seiner gesamten Länge mit dem Hauchenberg im Hintergrund. An der nächsten Kreuzung halten wir uns links, laufen wieder hinab zum See, überqueren einen kleinen Bach, der den Hauptsee mit dem Mitterinselsee sowie dem sich daran anschließenden Unterinselsee verbindet (am Mitterinselsee gibt es ebenfalls eine schöne Liegewiese mit Seezugang; dazu kurz vor der Brücke rechts, etwa 500 m entfernt). Hinter der Brücke sind es nur noch wenige Schritte bis zum kleinen Weiler Insel (4). Wer mag, erreicht links am Campingplatz vorbei auf einem schmalen Pfad das Seeufer (Stichweg, etwa 300 m).

Der Seerundweg verläuft ab jetzt etwas uferfern. Vorbei an einer kleinen Kapelle wandern wir auf einem breiten Schotterweg durch schöne Wiesenlandschaft westwärts bis zu der kleinen Häuseransammlung von Zellen (5). Von dort erreichen wir – auf einem Fußweg parallel zur Straße – unseren Ausgangspunkt am Parkplatz (1).

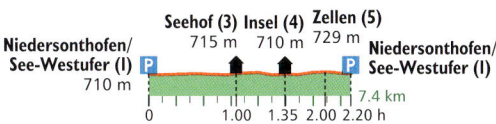

Oberallgäu

9 Kammweg zum Falkenstein

Auf stillen Pfaden zu einer prächtigen Aussicht ★

Der Rottachberg ist ein langer, relativ niedriger Höhenrücken, der – wenn man sich von Norden dem Oberallgäu nähert – häufig übersehen wird, da sich direkt dahinter der mächtige und viel auffälligere Grünten erhebt. Doch trotz seiner recht überschaubaren Höhe genießt man vom Falkenstein, der mit 1115 Meter die höchste Erhebung des Bergrückens bildet und vom Tal aus an einigen frei stehenden Felsen zu erkennen ist, einen der schönsten Ausblicke auf das Illertal und das Oberallgäuer Alpenvorland. Der lang gezogene Rottachberg bildet die Fortsetzung des Himmeleckgrates und des Nagelfluhgrates auf der gegenüberliegenden Illertalseite bei Immenstadt. Seine steile Nordseite ist dicht bewaldet, während seine sonnigen Südhänge von offenen Alpflächen geprägt sind. Ein stiller Wanderweg führt uns hinauf zur Burgruine Vorderburg und weiter durch hübsche Wälder und blühende Wiesen bis hinauf zum herrlichen Falkenstein.

KURZINFO

Ausgangspunkt: Vorderburg-Großdorf, 869 m, kleiner, unauffälliger Parkplatz im Dorfzentrum neben einem großen Kastanienbaum.
Anfahrt: Vorderburg liegt zwischen Rettenberg und dem Rottachspeicher, Großdorf ist ein Dorf neben Vorderburg, etwa 700 m nordöstlich der Kirche mit dem auffallend hohen Kirchturm. Kein vernünftiger Busverkehr (nur zu Schulzeiten mit RVA-Busse 9781 von Rettenberg). Navi: 87549 Rettenberg-Großdorf, Großdorfer Straße 30.
Gehzeit: 4.00 Std.
Distanz: 10,8 km.
Höhenunterschied: 370 m.
Anforderungen: Überwiegend breite Wald- und Wiesenwege, aber auch ein paar steile Wegstrecken (hinauf zur Ruine Vorderburg); am Falkenstein kann es nach Regen unangenehm rutschig sein auf dem glatten Nagelfluh-Untergrund. Dort an der steilen Abbruchkante Vorsicht mit kleinen Kindern!
Einkehr: Alpe Müller's Berg, 942 m.
Kinder: Für kleinere Kinder ist die Tour wohl etwas zu lang. Die Burgruine klingt verlockend, ist aber ziemlich bröselig und nicht zum Herumtollen geeignet. Alternativ kann man nach Hinterberg oberhalb von Rettenberg fahren und vom dortigen Parkplatz eine kurze, 45-minütige Tour auf den Falkenstein unternehmen. Das ist die Kurzfassung der Tour: Wiesen, Wald, ein schöner, etwas ausgesetzter Kammweg über den Nagelfluhgrat und eine tolle Aussicht vom Gipfel.
Tourist-Info: Gästeinformation Rettenberg, Bichelweg 2, 87549 Rettenberg, Tel. +49 8327 920 40, www.rettenberg.de.

Vom kleinen Parkplatz in **Großdorf (1)** geht es auf der gegenüberliegenden Straßenseite ca. 50 m den Kapellenweg und dann den Burgweg hinauf. An einer Weggabelung oberhalb des Dorfes ignorieren wir das Schild, das nach links Richtung Falkenstein weist und halten uns stattdessen rechts und gleich wieder links Richtung Ruine. Recht steil auf breitem Schotterweg steigen wir durch Wald hinauf zu der inmitten offener Wiesen gelegenen **Alpe Müller's Berg (2)**. Vor uns öffnet sich der Blick über das Illertal Richtung Kempten, in der Ferne ist der

Blick vom Falkenstein auf das Illertal bei Immenstadt.

Rottachsee zu entdecken. Nun geht es ziemlich steil erst eine Wiese, dann im Wald hinauf, ehe wir ganz unerwartet vor der versteckt zwischen Bäumen liegenden **Burgruine Vorderburg (3)** stehen. Das mittelalterliche Gemäuer hat allerdings – selbst als Ruine – schon bessere Zeiten gesehen, die Reste sind zum Teil recht brüchig (für Kinder also nichts zum Herumklettern).

Nun beginnt der sehr stille Kammweg hinüber zum Falkenstein, anfangs auf einem schmalen Waldweg, dann entlang einer offenen, sonnendurchfluteten Wiese oberhalb des kleinen Weilers **Brackenberg**, von wo sich ein schöner Blick bietet über die Gipfel der Tannheimer Bergen im Osten bis zum Widderstein weit im Westen. Am Ende der Wiese folgen wir ca. 100 m einer Teerstraße, danach (schlecht markiert!) rechts quer über die Wiese zum Waldrand, wo wieder ein Wegweiser zu finden ist (also nicht der Teerstraße nach Brackenberg folgen!). Wir bleiben nun für einige Zeit rechts unterhalb des Kammes und wandern gemütlich auf einem breiten Waldweg entlang, bis wir plötzlich am Anfang einer wunderschönen, kleinen **Hochebene** stehen, die von einer bunten Blumenwiese überzogen ist. Wir bummeln gemütlich über die Wiese und passieren einen schönen Aussichtspunkt hoch über dem Dorf Rottach.

Am Wiesenende gabelt sich der Weg. Wir halten uns leicht rechts und queren eine weitere Wiese, an deren Ende wir kurz aufpassen müssen. Der Falkenstein ist hier in zwei Richtungen ausgeschildert: Der di-

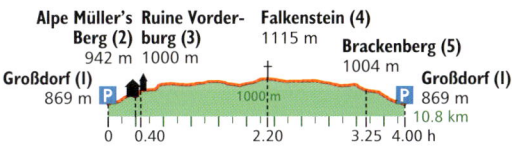

rekte Weg führt schräg links über Hinterberg (das wird unser Rückweg), wir nehmen aber vorerst den anderen Weg. Dazu halten wir uns scharf rechts, steigen ein paar Minuten ab, biegen scharf nach links und wandern für etwa 30 Minuten durch dichten Wald am steilen Nordhang des Rottachberges entlang; links über uns tauchen manchmal frei stehende Nagelfluhfelsen zwischen den Bäumen auf. Schließlich zieht sich der Weg wieder zum Kamm hinauf, von wo es noch etwa 10 Minuten nach rechts zum Gipfel des Falkenstein (4), 1115 m, sind. Ein kleines Felsplateau mit Bank, Gipfelkreuz und herrlichem Panorama erwartet uns – ein schönes, gemütliches Plätzchen, an dem man einige Zeit verbringen kann, um das muntere Treiben in der Spielzeuglandschaft unterhalb zu beobachten.

Der Rückweg führt uns auf dem Kammweg wieder zurück, vorbei am Abzweig vom Hinweg und zu einem größeren (zu einem Kurhaus gehörenden) Parkplatz; dort links Richtung »Ruine Vorderburg«. Auf hübschen Wegen geht es über Wiesen und durch lichten Wald leicht bergauf, bis wir auf die bereits vom Hinweg bekannte schöne Wiesen-Hochebene treffen. Über die Wiese und anschließend den bekannten Waldweg bis zum Waldrand oberhalb von Brackenberg, 1064 m. Dort halten wir uns rechts, wandern einen Hohlweg hinab und durch die verstreut liegenden Häusern der kleinen Siedlung hindurch. Bei einem Abzweig (5) folgen wir nicht der Straße steil bergab Richtung »Vorderburg 40 Min.«, sondern geradeaus dem Schild »Vorderburg 30 Min.«. Hinter dem letzten Haus endet der Teerbelag, und der Weg leitet uns durch Wiesen und Weiden hinab zum Ausgangspunkt in Großdorf (1).

Oberallgäu

Durch die Starzlachklamm

Tosende Wasser zu Füßen des Grünten ★★

Die kleine Schwester der berühmten Breitachklamm: Hier ist alles eine Nummer kleiner, aber kaum weniger beeindruckend – und vor allem bei Weitem nicht so überfüllt. Nach einem kurzen Anmarsch entlang der Starzlach erreicht man die schöne Klamm, in der es rauscht, tost und tropft und sich der Fluss durch enge, hoch aufragende Kalkfelsen zwängt. Ein ganz malerischer Ort mit einer schönen Atmosphäre. Der Rückweg durch den Wald oberhalb der Klamm schließt den Kreis. Der Eintritt in die Klamm ist gebührenpflichtig, also Kleingeld nicht vergessen.

KURZINFO

Ausgangspunkt: Burgberg-Winkel, 785 m, Parkplatz im Ort an der Starzlach.
Anfahrt: Der kleine Ortsteil Winkel liegt zwischen Burgberg und Sonthofen unterhalb des Grünten. Von der B 19 Kempten – Oberstdorf die Ausfahrt »Sonthofen Nord«, ca. 2 km in Richtung Hindelang, dann links in die Berghofener Straße und weitere 2 km nach Winkel. Kein vernünftiger Busverkehr (unregelmäßig Busse ab Sonthofen und Blaichach nach Burgberg, von dort ca. 30 Min. zu Fuß nach Winkel). Navi: 87527 Sonthofen, Winkel 12.
Gehzeit: 2.00 Std.
Distanz: 3.9 km.
Höhenunterschied: 220 m.

Anforderungen: Überwiegend recht breite Waldwege mit ein paar Steigungen, in der Klamm enge, rutschige und oft nasse Passagen. Unbedingt festes Schuhwerk erforderlich, Teleskopstöcke können auch nicht schaden.
Einkehr: Sepp'l Wirt, 785 m, am Parkplatz Winkel; Klammhütte (am Klammeingang); Gasthof Alpenblick, 989 m.
Kinder: Die rauschende Klamm ist sicherlich ein besonderes Erlebnis für Kinder; und auf dem Weg vom Parkplatz zum Klammeingang kommt man zu einer schönen Stelle an der Starzlach, mit seichtem Wasser, breiten Kiesbänken und herumliegendem Treibholz, an der sich wunderbar spielen lässt.
Tourist-Info: Burgberg Gäste-Service, Grüntenstr. 2, 87545 Burgberg, Tel. +49 8321 787897, www.burgberg.de.

Das Illertal oberhalb von Winkel im Abendlicht.

Am oberen Ende des – beidseitig des Flusses gelegenen – Parkplatzes in **Winkel (1)** führt ein breiter Schotterweg leicht aufwärts, bis schon nach wenigen Metern rechts ein schmaler Waldweg abzweigt. Ab hier geht es meist direkt an der Starzlach entlang, einem kleinen Bach, dessen Wasser – anders als die meist glasklaren Flüsse im Oberallgäu – durch die Moore im Oberlauf etwas schwärzlich daherkommt. Wir passieren eine Stelle mit breiten Kiesbänken und flachen Wasserstellen, an der man schön picknicken kann – wer in Begleitung von Kindern ist, wird hier vermutlich länger hängenbleiben. Wenige Minuten später haben wir bereits die kleine **Klammhütte (2)** am Klammeingang erreicht, hübsch neben einem fotogenen Wasserfall gelegen.

Hinter der Hütte geht es los: Der Weg ist oft schmal und schmiegt sich eng an das Felsgestein und ist durch das glatt polierte, nasse Felsgestein manchmal unangenehm rutschig. Es geht allmählich bergauf, mal links, mal rechts der Starzlach, die unter uns durch die engen Felspassagen und Gletschermühlen und zwischen den Felsbrocken hindurch strömt – ein wunderschönes Naturerlebnis.

Am Ende der Klamm ist ein kleiner **Felsdurchlass (3)**, 880 m, zu durchqueren und dahinter hört auch das Rauschen schlagartig auf. Hier beginnt ein längerer Aufstieg den steilen Hang hinauf, zwischen alten Bäumen und moosbedeckten Felsen hindurch. Am oberen Waldrand passieren wir die Alpe Topfen und stoßen auf eine Fahrstraße, wo wir uns links halten. Vorbei am **Gasthaus Alpenblick (4)**, 989 m, und einem großen Parkplatz, hinter dem wir die Straße gleich wieder verlassen, um anfangs durch Wald, schließlich über aussichtsreiche Wiesen hinunter zum Parkplatz in **Winkel (1)** abzusteigen.

Wem der Sinn nicht so nach diesem doch recht steilen Aufstieg steht, der kann natürlich alternativ auch denselben Weg wieder zurück durch die Klamm zum Ausgangspunkt wandern.

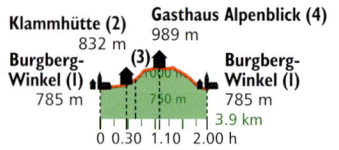

In der Starzlachklamm.

Oberallgäu

11 Hochebene am Oberjoch

Gemütliche Alp- und Moorwanderung

Über die serpentinenreiche Jochstraße gelangt man von Bad Hindelang zur 300 Höhenmeter höher gelegenen weiten Hochebene rund um das Oberjoch, das den nahtlosen Übergang zum Tannheimer Tal im Osten bildet. Überragt vom lang gezogenen Iselergrat breitet sich hier eine vielfältige Alplandschaft aus mit weiten Wiesen, urtümlichen Mooren und einem malerischen Tobel, die wir auf dieser Wanderung durchstreifen. Deren Ausgangspunkt, der kleine Ort Oberjoch, platzt insbesondere im Winter dank seiner Höhenlage von über 1100 Meter und der zahlreichen Skipisten am Nordhang des Iseler aus allen Nähten. Im Sommer geht es etwas ruhiger zu – auch wenn Begriffe wie »still« und »ruhig« im Allgäu immer etwas mit Vorsicht zu genießen sind. Auf der beschriebenen Tour ist jedenfalls eher wenig Betrieb.

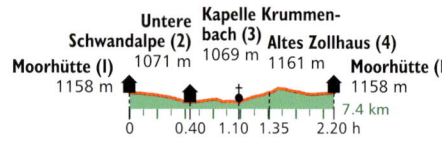

Der Iselergrat über der Hochebene.

KURZINFO

🚌

Ausgangspunkt: Oberjoch, Parkplatz kurz hinter dem Ort, 1158 m, an der Straße Richtung Tannheimer Tal, Bushaltestelle.

Anfahrt: Oberjoch ist ein Ortsteil von Bad Hindelang, liegt etwa 300 m höher und ist von dort über die serpentinenreiche Jochstraße zu erreichen. Von Norden bzw. dem Ostallgäu kommend führt die kürzeste Zufahrt über Wertach; hinter Oberjoch 500 m Richtung Tannheimer Tal bis zum großen Parkplatz bei der Moorhütte. Mit dem Bus von Oberstdorf/Sonthofen nach Oberjoch ca. 1-mal/Std., ab Wertach seltener; aus dem Tannheimer Tal mit dem VVT-Bus Linie 4262 Reutte – Oberjoch ca. alle 60 bis 90 Min.; Bushaltestelle »Oberjoch Ort«. Navi: 87541 Bad Hindelang-Oberjoch, Passstraße 51.

Gehzeit: 2.20 Std.
Distanz: 7,4 km.

Höhenunterschied: 175 m.
Anforderungen: Überwiegend breite, einfache Wege durch Alpwiesen, Moore und Wald.
Einkehr: Moorhütte, 1158 m; Untere Schwandalpe, 1071 m.
Kinder: Eine für Kinder absolut gefahrlose Wanderung, die mit Moor, Alpwiesen und dem Alpsteigtobel auch recht abwechslungsreich ist. Die gesamte Runde ist (bedingt) kinderwagentauglich. Der Alpsteigtobel ist zwar harmloser, als sein Name vermuten lässt, aber es sind doch einige Steigungen zu bewältigen.
Winter: So wie hier beschrieben, ist der Weg im Winter nicht begehbar, da nicht alles geräumt wird bzw. sich viele Loipen durchs Gelände ziehen. Aber es gibt genügend Winterwanderwege am Oberjoch, z. B. vom Moor an der Straße entlang hinunter nach Unterjoch und über Krummenbach wieder zurück.
Tourist-Info: Gästeinformation Oberjoch, Jochpass 1, 87541 Oberjoch, Tel. +49 8324 7709, www.badhindelang.de.

Die Hochebene des Oberjochpasses, im Hintergrund das Tannheimer Tal.

Am östlichen Ende des großen **Parkplatzes (1)** beginnt links neben der Gaststätte **Moorhütte** und vorbei am kleinen, idyllisch gelegenen Moorbad der schöne Weg durch das Kematsried Moor. Leider viel zu schnell verlassen wir das Moor auch schon wieder, halten uns kurz links, um dann gleich wieder rechts Richtung Untere Schwandalpe abzubiegen.

Auf einer Schotter-Teer-Straße geht es allmählich bergab durch eine schöne Alpidylle: offene Wiesen, kleine Waldpassagen, ein paar plätschernde Wiesenbäche und drumherum drei dominierende Gipfel: vor uns der Jochschrofen mit seinem felsigen Doppelgipfel, rechts – bereits im Tannheimer Tal – der einzeln stehende Einstein und hinter uns der lang gestreckte Iselergrat. Wir kommen vorbei an der **Sennalpe Untere Schwand (2)**, folgen danach dem leicht ansteigenden Weg und halten uns an der nächsten Abzweigung rechts (Wegweiser »Alpsteigtobel«). Wenige Schritte später zweigt rechts ein Wiesenweg ab, auf dem wir den kleinen Weiler **Krummenbach** mit der **Dreifaltigkeitskapelle (3)** erreichen.

Kurz dahinter beginnt der **Alpsteigtobel**. Der Name mag nach steiler, alpiner Klamm klingen; in Wahrheit verbirgt sich dahinter aber ein helles Wald-und-Wiesen-Tal mit einem munter dahinplätschernden Bächlein. Nicht spektakulär, aber recht idyllisch. Auf dem angenehm zu gehenden Weg wandern wir leicht bergauf zur Jochstraße, die wir nahe der deutsch-österreichischen Staatsgrenze am **Alten Zollhaus (4)** erreichen.

Wir queren die Straße und steigen auf der gegenüberliegenden Seite einen schmalen Waldweg hinauf zur **Alten Salzstraße**, 1198 m, auf der früher die Haupthandelsroute zwischen Hall in Tirol und Lindau verlief. Dort wenden wir uns nach rechts und wandern gemütlich entlang von blühenden Feuchtwiesen Richtung Oberjoch. Links begleitet uns für die folgenden knapp 40 Minuten die hohe Nordwand des Iselergrates. Ab dem Grenzwieslift verläuft der Weg leider für rund 1 km direkt an der viel befahrenen Straße entlang, dann haben wir die **Moorhütte** und den Ausgangspunkt am **Parkplatz (1)** erreicht.

Oberallgäu

Im Hintersteiner Tal

12

Talwanderung entlang der klaren Ostrach ★

Bei Bad Hindelang zweigt südwärts das enge Hintersteiner Tal ab, das sich – durchflossen von der Ostrach – weitere zwölf Kilometer in die hoch aufragenden Berge hineinzieht. Beim gleichnamigen Ort weitet sich das Tal und macht Platz für eine offene Wiesenlandschaft, überragt von den felsigen Gipfeln von Großem Daumen, Bschießer und Rauhhorn. Wir durchwandern offene Wiesen und schöne Auwälder entlang der unglaublich klaren Ostrach und kommen vorbei am – einsam auf einer Lichtung gelegenen – skurrilen Kutschenmuseum. Und nur wenige Minuten oberhalb des Ortes wartet mit den Zipfelsbachfällen noch ein weiteres Highlight auf Besucher.

KURZINFO

Ausgangspunkt: Hinterstein, großer Parkplatz am südlichen Ortsende, 880 m, Bushaltestelle.
Anfahrt: Von Bad Hindelang ca. 6 km ins enge Hintersteiner Tal, durch den lang gezogenen Ort Hinterstein hindurch bis zum Ortsende. Busverkehr Oberstdorf/Sonthofen – Bad Hindelang mit direktem Anschluss nach Hinterstein, ca. 1-mal/Std. Navi: 87541 Bad Hindelang, Rauhornweg 13.
Gehzeit: 2.20 Std.
Distanz: 7,0 km.
Höhenunterschied: 100 m.
Anforderungen: Breite, einfache Wege durch Alpwiesen und entlang der Ostrach, überwiegend geschottert, kurze Teilstücke auf Teer.
Einkehr: Unterwegs keine; diverse Möglichkeiten im Ort Hinterstein.
Kinder: An der Ostrach kann man wunderbar spielen, das Kutschenmuseum garantiert ein Erlebnis und auf dem Rückweg kommt man unterhalb von Hinterstein an einem Spielplatz vorbei. Die gesamte Runde ist kinderwagentauglich.
Bademöglichkeit: Die klare Ostrach mag zum Baden verlocken, ist aber auch im Sommer ziemlich frisch; im Ort Hinterstein lohnt ein Besuch der Prinze Gumpe (s. Hinweis).

Die Zipfelsbachfälle (s. Hinweis).

Winter: Der Rundweg ist auch im Winter gut begehbar und wird geräumt.
Hinweis: Wer seinen Aufenthalt im Hintersteiner Tal noch etwas ausdehnen möchte, findet im Ort Hinterstein noch zwei schöne Ziele. Für beide parkt man am besten kurz vor der Kirche am Schützenhaus. Vor dem dortigen Bach liegt rechts oben das sehr schöne, kleine Naturbad Prinze Gumpe (Eintritt frei). Und hinter dem Bach führt ein kurzer, aber steiler Serpentinenweg hinauf zu den beeindruckenden Zipfelsbachfällen.
Tourist-Info: Gästeinformation Bad Hindelang, Am Bauernmarkt 1, 87541 Bad Hindelang, Tel. +49 8324 8920, www.badhindelang.de.

Oberallgäu

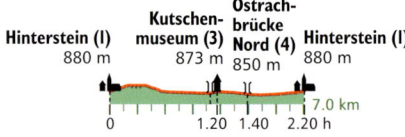

Hinterstein (I) 880 m — Kutschenmuseum (3) 873 m — Ostrachbrücke Nord (4) 850 m — Hinterstein (I) 880 m
0 — 1.20 — 1.40 — 2.20 h
7.0 km

Der große Parkplatz am Ortsende von Hinterstein (1) ist meist gut gefüllt, aber da ein Großteil der Besucher sich per Bus ins hintere Tal Richtung Giebelhaus transportieren lässt, verläuft es sich insgesamt etwas. Wir verlassen den Parkplatz taleinwärts und wandern eine schmale Teerstraße entlang, die sich allmählich ansteigend durch die offene Weidelandschaft zieht. Das an dieser Stelle ungewöhnlich weite Tal wird ringsherum von markanten Gipfeln flankiert: Rechts über uns im Südwesten die felsigen Dolomitgipfel des Großen Daumen, vor uns der Älpelekopf, in dessen Flanken sich der – von hier nicht sichtbare – Schrecksee versteckt, und links über uns die Gipfelkette mit Bschießer, Ponten und Rauhhorn.

Es geht knapp 1,5 km fast schnurgerade durch die Wiesen, erst bergauf (bis zum höchsten Punkt der Tour bei ca. 945 m), dann wieder leicht bergab, bis vor dem breiten Schotterbett eines kleinen Baches rechts ein Weg abbiegt. Diesen wandern wir entlang bis zur Teerstraße, dort rechts und einen halben Kilometer zurück Richtung Hinterstein.

An einer Brücke über die Ostrach halten wir uns links, überqueren aber nicht den Fluss, sondern biegen davor rechts in einen schmalen Weg ein. Ein hübscher Auwald erwartet uns, der uns für etwa 15 Minuten begleitet, während links neben uns die Ostrach rauscht.

Am Ufer der Ostrach, die das Hintersteiner Tal durchfließt.

Schließlich öffnet sich der Blick und wir stoßen auf eine schöne **Holzdachbrücke (2)**, 858 m. Vor der Brücke laden weite Kiesbänke und das flache Ufer zu einer ausgedehnten Rast am herrlich glasklaren Wasser ein, Kinder können hier wunderschön spielen (Bild oben).

Danach geht es über die Brücke und auf der anderen Seite rechts in wenigen Minuten zum **Kutschenmuseum (3)**. Was auch immer man sich unter diesem etwas altbacken klingenden Namen vorstellt, man wird ganz sicher überrascht sein: Kutschen gibt es auch zu sehen, aber ansonsten mag man sich so fühlen, als würde man als kleines Kind das erste Mal den verstaubten Dachboden im Haus des Großvaters betreten, vollgestopft mit den seltsamsten Andenken an ein bewegtes Leben – nicht immer geschmackssicher, aber sehr beeindruckend (der Eintritt ist frei, Spenden sind gerne gesehen). Hinter dem Museum führt der Weg durch Wald und Wiesen talauswärts, bis wir erneut die Ostrach auf einer weiteren **Holzbrücke (4)** überqueren. Auf der anderen Seite wenden wir uns nach rechts und wandern auf dem schönen Uferweg flussaufwärts (wer mit Kindern unterwegs ist: nach etwa 500 m erreicht man links wenige Schritte an einem kleinen Bach entlang einen schönen Spielplatz).

Schließlich treffen wir wieder auf die erste, südliche **Holzdachbrücke (2)**, 858 m, bei den breiten Kiesbänken, halten uns dort schräg links und nach wenigen Minuten erneut links auf die Häuser von **Hinterstein** zu. An der Dorfstraße rechts, und sofort nach 50 m wieder links einen schmalen Pfad hinauf erreichen wir am Ortsende den Ausgangspunkt am **Parkplatz (1)**.

Oberallgäu

13 › Altstädter Tobel und Hinanger Wasserfall

Schöne Wasserfälle und weite Wiesen

Wer sich mit dem Zug bzw. Auto Oberstdorf nähert, bleibt meist nahe der Iller auf dem völlig ebenen, ein bis zwei Kilometer breiten Talboden. Zwischen Sonthofen und Fischen wird das Illertal jedoch auf beiden Seiten von den sogenannten Illerterrassen begleitet: Etwa 100 Meter über dem Talboden gelegen und bis zu drei Kilometer breit, bieten diese Hochflächen Raum für viele kleine Dörfer, aber auch stille Moore und ausgedehnte Wiesen, die von zahlreichen Tobeln mit malerischen Wasserfällen durchschnitten werden. Uns erwartet eine schöne Wanderung auf der östlichen Illerterrasse, sehr still, abwechslungsreich und mit vielen Ausblicken auf die Allgäuer Alpen.

KURZINFO

Ausgangspunkt: Altstädten, Parkplatz am Freibad, 775 m; Bushaltestelle im Ort.
Anfahrt: In »Sonthofen-Süd« die B 19 verlassen und 3 km nach Altstädten. Im Ort links wenige Hundert Meter zum Freibad. Stündlich Busse zwischen Oberstdorf und Sonthofen, Haltestelle »Touristinfo«; außerdem Züge auf der Strecke Immenstadt – Oberstdorf mit Halt in Altstädten 1- bis 2-mal/Std. Navi: 87527 Sonthofen-Altstädten, Freibadweg 12.
Gehzeit: 1.45 Std.
Distanz: 5,4 km.

Höhenunterschied: 190 m.
Anforderungen: Teils breite, einfache Wege durch Alpwiesen, in den beiden Tobeln auch steilere Passagen mit Stufen. Unbedingt festes Schuhwerk erforderlich.
Einkehr: Unterwegs keine Einkehrmöglichkeit; nur in Altstädten am Touranfang/-ende.
Kinder: Eine kurze und abwechslungsreiche Tour für Kinder. In den beiden Tobeln gibt es immer etwas zu entdecken.
Tourist-Info: Gästeamt Altstädten, Am Anger 8, 87527 Altstädten, Tel. +49 8321 2170, www.altstaedten.de oder www.alpsee-gruenten.de.

Vom Parkplatz in **Altstädten** am **Freibad (1)** folgen wir dem breiten Schotterweg, der am Leybach entlang leicht aufwärts in den Wald hineinführt. Schon bald wird der anfangs noch mit Mauerwerk eingefasste Bach natürlicher, der Tobel uriger, der Pfad schmaler. Im Zickzack bergauf geht es vorbei an einem schönen Wasserfall, dann stoßen wir auf eine Teerstraße. Dort bergauf, und nach knapp 100 m rechts in einen schmalen Waldweg, auf dem wir – etwas oberhalb des Baches – weiter leicht bergan stei-

Im Tobel am Hinanger Wasserfall.

gen. Eine erste kleine Holzbrücke lassen wir rechts liegen und folgen etwa 10 Minuten später rechts einem Wegweiser Richtung »Hochweiler«, überqueren den Leybach und wandern über Weideflächen hinüber zu dem kleinen, verschlafenen Dorf Hochweiler. Bei der Kapelle (2) im Ort gehen wir links und nach rund 200 m rechts, dann durch die offenen Wiesen südwärts Richtung Hinanger Wasserfall. Vor uns taucht ein kleines, bewaldetes Tal auf, in das wir hinabsteigen. Unten am Bach halten wir uns rechts und wandern am munter dahinplätschernden Bach abwärts.

Durch einen Minitobel gelangen wir zum oberen Rand eines jähen Felsabbruches, wo sich der Hinanger Wasserfall hinabstürzt. Viel ist von hier oben allerdings nicht zu erkennen, wir müssen noch einen kleinen Umweg in Kauf nehmen, um den Wasserfall in seiner vollen Pracht von unten sehen zu können. Dazu folgen wir dem Weg links hinauf, bis wir am Rand einer großen, sonnigen Wiese stehen. Direkt am Waldrand wandern wir leicht abwärts, um keine 200 m weiter rechts wieder in den Wald einzubiegen. Unterhalb einer spektakulären und nicht besonders vertrauenerweckend anmutenden Felswand aus bröseligem Nagelfluhgestein nähern wir uns langsam dem Wasserfall. Nach längeren Regenfällen rieselt und tropft es bereits an diesem Wegabschnitt aus allen Poren. Dann stehen wir vor dem eigentlichen

Hinanger Wasserfall (3), 880 m, – ein wunderbar malerischer, fast mystischer Ort. Da wir dem Bach ja bereits oberhalb gefolgt sind, wissen wir, dass es gar nicht so viel Wasser ist, das die Felswand herunterstürzt. Es ist vielmehr die Gesamtatmosphäre, die moosbehangenen Felsen, die schmale Röhre, durch die das Wasser hindurchschießt, das Tosen in dem engen Kessel, der dichte Wald, …

Unterhalb des Falls schließt sich noch ein Tobel an, mit wild herumliegenden Felsen, durch die sich der Weg mithilfe von Treppen und Stegen hindurchwindet. Am unteren Ausgang des Tobels stoßen wir schließlich auf eine Straße, der wir rechts bergauf für ca. 250 m folgen, um in der ersten Kehre links abzubiegen. Nun folgt ein längerer Abstieg – vorbei an einer auffallenden Marienstatue zur Rechten – auf einer autofreien Teerstraße durch Wiesen und Weiden hinunter nach Altstädten. Im Ort führt – ungefähr 100 m nach den ersten Häusern – rechts ein schmaler Pfad direkt am Freibad entlang zu unserem Ausgangspunkt am Freibad (1).

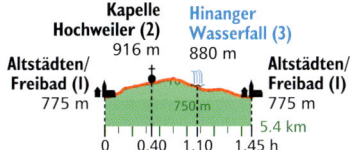

Oberallgäu

14 Durch den Ostertaltobel

Malerischer Tobel im Gunzesrieder Tal

Westlich von Sonthofen führt, durch eine Geländestufe vom Illertal getrennt und deshalb etwas versteckt liegend, das Gunzesrieder Tal tief in die Berge hinein. Das Tal ist nur dünn besiedelt und wirkt – besonders im Vergleich zum restlichen Oberallgäu – ziemlich abgeschieden. Es fehlen die wirklich spektakulären Gipfel sowie die großen Skipisten; es ist ein eher ruhiges Tal für Wanderer und Radler. Und mittendrin treffen wir auf den malerischen Ostertaltobel mit seinen rauschenden Wasserfällen und großen, vom klaren Wasser umspülten Nagelfluhfelsen. Eine kurze und sehr schöne Wald-Tobel-Wanderung, die sich mit der Einkehr in der Buhl's Alpe verknüpfen lässt.

KURZINFO

Ausgangspunkt: Gunzesried-Säge, 933 m, im Gunzesrieder Tal, Parkplatz und Bushaltestelle.

Anfahrt: Die B 19 aus Kempten kommend bis »Sonthofen Nord«, dort Richtung Blaichach, nach knapp 2 km links hinauf ins Gunzesrieder Tal und weitere 7 km bis nach Gunzesried-Säge. Mit Bussen machbar, aber ggf. mit viel Geduld; Busse ab Sonthofen alle 1 bis 2 Std. Navi: 87544 Blaichach-Gunzesried Säge.

Gehzeit: 1.15 Std.

Distanz: 3,4 km.
Höhenunterschied: 90 m.
Anforderungen: Im Tobel schmale, aber überwiegend leichte Waldwege am Wasser entlang, einige kurze, steile Anstiege dabei. Der Rückweg verläuft auf breiten Wirtschaftswegen.

Einkehr: Buhl's Alpe, 1009 m; Kamin-Eck, 940 m, in Gunzesried-Säge.

Kinder: Eine kurze und abwechslungsreiche Tour für Kinder; im Ostertaltobel gibt es Wasserfälle zu bestaunen, Dämme zu bauen, Äste und kleine Baumstämme durch die Strömung zu schicken, Steine ins Wasser werfen etc. Und in der Buhl's Alpe warten leckere Kuchen – und manchmal auch ein paar Hasen zum Füttern.

Tourist-Info: Gästeinformation Blaichach, Immenstädter Str. 7, 87544 Blaichach, Tel. +49 8321 6076950, www.blaichach.de, www.alpsee-gruenten.de.

Kaskade im Ostertaltobel.

Vom großen Parkplatz Gunzesried-Säge (1) gehen wir auf der Straße links, über die Brücke und nach einem kleinen Anstieg im Dorf erneut links. Nach knapp 200 m befindet sich links der Einstieg in den Tobel (der hier Eistobel genannt wird).

Wir tauchen ein in einen dichten Wald, treffen auf den kleinen Fluss und wandern direkt am Wasser entlang flussaufwärts. Schon nach wenigen Schritten wird der Tobel wilder, mächtige Nagelfluhfelsen liegen verstreut im Flussbett, und der Weg steigt allmählich an. An steilen Felswänden entlang biegen wir um eine Kurve und haben überraschend einen schönen Blick auf einen hohen Wasserfall direkt vor bzw. unter uns.

Oberhalb des Wasserfalls folgt eine ruhige Passage, der Fluss plätschert gemütlich dahin, bis wir auf einen weiteren Wasserfall (2) stoßen. Wer mit geologisch geschärftem Blick die vielen Tobel im Oberallgäu durchwandert, wird – zumindest im Nagelfluh- und Molassebereich, der weit verbreitet ist, z. B. auch an den Buchenegger Wasserfällen, im Eistobel (Tour 2) u. v. a. – immer wieder auf diese typische Abfolge treffen: harte Nagelfluhschichten, an denen sich das einschneidende Wasser etwas schwer tut und sich schöne Wasserfälle bilden, und dazwischen im ständigen Wechsel weichere Schichten mit rutschigen Hängen und weichen Formen. Auf einem Steg direkt über dem Wasserfall wechseln wir auf das gegenüberliegende Ufer und wandern dort – mal direkt am Wasser, mal etwas entfernt – weiter talaufwärts. Hinter einer kleinen Lichtung endet der Tobelweg, wir überqueren erneut den Fluss und gelangen zu einem Parkplatz (3), 1000 m.

Unser Rückweg führt uns auf einem breiten Schotterweg durch Wiesen in wenigen Minuten hinüber zur Buhl's Alpe (4) und weiter durch Wald und Wiesen hinab zum Ort Säge sowie zu unserem Ausgangspunkt am Parkplatz Gunzesried-Säge (1).

Oberallgäu

15 Auf den Siplingerkopf

Stiller Nagelfluhgipfel über Balderschwang

Das Gunzesrieder Tal ist fest in almwirtschaftlicher Hand, zahlreiche Alphütten säumen seine vielen grünen Hänge und Kuppen. Seine Nordseite wird von der steil aufragenden Nagelfluhkette gebildet, die sich schnurgerade von Ost nach West erstreckt, während die Südseite von der Hörnerkette, dem Riedberger Horn und dem Siplingerkopf eingerahmt wird. Letzterer ist unser Tourenziel, dem wir – dank der Mautstraße hinauf zur Höllritzer Alpe inmitten einer schönen Alplandschaft – mit dem Auto recht nahe kommen können. Vom Ende der Mautstraße kann der Gipfel, der einen wunderbaren Rundumblick über das Gunzesrieder sowie über das Balderschwanger Tal auf der anderen Seite gewährt, in einer kurzen Wanderung durch offene Hochalmflächen bestiegen werden.

KURZINFO

Ausgangspunkt: Gunzesrieder Tal, Parkplatz bei der Höllritzer Alpe, 1450 m, am Ende der Mautstraße.
Anfahrt: Die B 19 aus Kempten kommend bis zur Ausfahrt »Sonthofen Nord«, dort Richtung Blaichach, nach knapp 2 km links hinauf ins Gunzesrieder Tal und weitere 7 km bis nach Gunzesried-Säge. Hinter dem Weiler beginnt die Mautstraße. 1 km hinter der Mautschranke bei der alten Hütte der Vorsässalpe links hoch und ca. 5 km ziemlich steil bergauf bis zum Parkplatz an der Höllritzer Alpe. Kein Busverkehr. Navi: 87544 Blaichach-Gunzesried Säge, Höllritzer Alpe.
Gehzeit: 2.15 Std.
Distanz: 5,7 km.
Höhenunterschied: 300 m.
Anforderungen: Alpines Gelände. Teils breite Wirtschaftswege; zum Siplingerkopf hinauf führt ein schmaler, mitunter recht steiler Pfad, der – besonders beim Abstieg – wegen des losen Nagelfluhgerölls Trittsicherheit verlangt. Teleskopstöcke sind hilfreich.
Einkehr: Unterwegs keine Möglichkeit; am Ausgangspunkt Höllritzer Alpe, 1450 m, Jausenstation.
Kinder: Wegen der Kürze ein schönes Gipfelerlebnis auch für kleinere Wanderer, die aber wegen des z. T. losen Untergrunds beim Aufstieg trittsicher sein sollten.
Tourist-Info: Gästeinformation Blaichach, Immenstädter Str. 7, 87544 Blaichach, Tel. +49 8321 6076950, www.blaichach.de, www.alpsee-gruenten.de.

Der Gipfel des Siplingerkopfs.

Das Gunzesrieder Tal jenseits der kleinen Häuseransammlung von Säge ist eine abgeschiedene Welt mit Wäldern, Weiden, Wiesen, Alphütten und Kühen. Und schmalen Straßen, auf denen wir einen der höchsten Punkte anfahren, der im Oberallgäu mit dem privaten Pkw zu erreichen ist. Nachdem wir auf der – teilweise recht steilen – Straße die letzten Bäume hinter uns gelassen haben, parken wir neben der Höllritzer Alpe (1) inmitten einer herrlich offenen Alplandschaft.

Um den Einstieg unserer eigentlichen Wanderung zu erreichen, gehen wir die Straße wieder 200 m zurück bis zur ersten Kehre. Ein Schild weist uns dort den Weg zum Siplingerkopf. Durch weite, schöne Wiesenflächen wandern wir auf einem breiten Weg leicht bergauf bis zu einem kleinen Sattel, 1489 m. Jenseits breitet sich das Balderschwanger Tal vor uns aus, rechts überragt von unserem heutigen Ziel, dem Siplingerkopf. Wir bleiben auf dem breiten Weg, der uns zur Oberen Wilhelminealpe (2) bringt. Dort halten wir uns rechts und steigen etwas weglos hinauf zu einem Wiesengrat. Auf diesem wenden wir uns nach links und nehmen den Gipfelanstieg in Angriff:

Die Wiese geht allmählich in felsiges Gelände über, steile Nagelfluhschichten ragen senkrecht aus der Wand auf, und dazwischen windet sich der Weg hinauf. Es ist zwar beileibe keine Kletterei, allerdings setzt das teilweise lose, runde Gestein besonders bei Nässe an manchen Passagen ordentliche Trittsicherheit voraus. Ungefähr 100 Höhenmeter bringen wir auf diese Weise hinter uns, dann haben wir den breiten Rücken des Siplingerkopfes erreicht. Nach wenigen Schritten stehen wir am Gipfelkreuz (3), 1746 m, und können das prächtige, von keinem höheren Gipfel in der näheren Umgebung getrübte Panorama genießen.

Auf demselben Weg geht es wieder zurück zur Höllritzer Alpe (1).

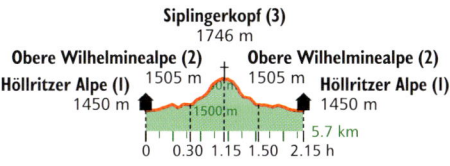

Oberallgäu

16 Die Hörnertour

Gemütliche Panoramatour über dem Illertal

Zwischen Sonthofen und Fischen wird das Illertal auf seiner westlichen Seite von einem lang gezogenen Kamm flankiert, der sogenannten »Hörnerkette«. Ein etwas unpassender Name, denn statt spitzer Felsgipfel handelt es sich um eine Aneinanderreihung von runden Buckeln, deren eher geringe Höhe von knapp 1600 m und recht harmlose Gesamterscheinung wohl keinen Alpinisten hinter dem Ofen hervorlocken würden. Doch so unscheinbar dieser Bergkamm von unten auch wirken mag, die Ausblicke von oben gehören zu den schönsten im Oberallgäu. Wie auf einem Aussichtsbalkon führt ein leichter Panoramaweg über seine ganze Länge, über sonnige Wiesenflächen, ausgedehnte Hochmoore und offene Bergkuppen mit großartigen Ausblicken auf die Allgäuer Alpen auf der gegenüberliegenden Talseite. Nicht ohne Grund eine der beliebtesten Familienwanderungen der Region.

Gipfelpanorama am Ofterschwanger Horn.

KURZINFO

Ausgangspunkt: Weltcupexpress (4er-Sessellift; Betriebszeiten Anfang Mai bis Anfang November, 9–16.30 Uhr; Tel. +49 8321 67030, www.go-ofterschwang.de); Talstation 880 m, kostenloser Parkplatz, Bushaltestelle im Ort Ofterschwang; Bergstation 1294 m.

Anfahrt: In »Sonthofen Süd« die B 19 Kempten – Oberstdorf verlassen und über Westerhofen etwa 6 km nach Ofterschwang; die Talstation liegt oberhalb des Ortes. RVA-Busse Linie 9747 zwischen Sonthofen und Bolsterlang etwa alle 1 bis 2 Std. Haltestelle »Ofterschwang«. Navi: 87527 Ofterschwang, Panoramaweg 7.

Endpunkt: Hörnerbahn (6er-Umlaufkabinenbahn; Betriebszeiten Anfang Mai bis Anfang Nov. 8.30–16.30 Uhr; Tel. +49 08326 9091, www.hoernerbahn.de); Bergstation 1540 m; Talstation Bolsterlang, 940 m, Bushaltestelle »Hörnerbahn«. Rückfahrt zum Ausgangspunkt mit Bus Linie 9747 Bolsterlang – Sonthofen, nachmittags etwa stündlich.

Gehzeit: 2.15 Std.

Distanz: 5,5 km.

Höhenunterschied: 425 m Aufstieg, 200 m Abstieg.

Anforderungen: Weitgehend leichte Wanderung auf gut begehbaren Wegen; teils Alpwiesen, teils Wald, ohne größere Steigungen (Ausnahme: der recht steile Anstieg zum Rangiswanger Horn, der bei Nässe zudem unangenehm matschig ist).

Einkehr: Weltcuphütte, 1288 m, etwa 100 m von der Weltcupexpress-Bergstation entfernt; Fahnengehrenalpe, 1340 m; Hörni's Nest, 1540 m, Imbiss an der Bergstation der Hörnerbahn; Talhütte, 940 m, direkt an der Talstation der Hörnerbahn.

Kinder: Nicht ohne Grund eine der beliebtesten Familientouren im Oberallgäu: Mit dem Sessellift bequem bergauf, leichte Wege ohne größere Steigungen, auf denen die Kids auch mal gefahrlos vorweglaufen können, Alpwiesen, Kühe und drei leichte Wiesengipfel – und das alles auf einer nicht allzu langen Wanderung.

Winter: Ausgehend von der Bergstation des Weltcupexpress ist ein etwa 2 km langer, weitgehend ebener Weg rund um das Ofterschwanger Horn geräumt. Und an der Hörnerbahn gibt es einen geräumten Winterwanderweg Richtung Riedberger Horn, am Berghaus Schwaben vorbei ins Bolgental (Rundkurs, ca. 7 km; verläuft weitgehend steigungsfrei auf ca. 1500 m Höhe).

Tourist-Info: Gästeinfo Ofterschwang, Kirchgasse 1, 87527 Ofterschwang, Tel. +49 8321 82157, www.ofterschwang.de; Gästeinformation Bolsterlang, Rathausweg 4, 87538 Bolsterlang, Tel. +49 8326 8314, www.bolsterlang.de; oder für beide Tourismus Hörnerdörfer, Tel. +49 8326 36460, www.hoernerdoerfer.de.

Von der **Bergstation (1)** wenden wir uns nach links und folgen dem breiten Fahrweg, der gemächlich durch offene Weideflächen Richtung Ofterschwanger Horn ansteigt. Schon nach 15 Minuten erkennen wir rechts oben das Gipfelkreuz, zu dem wir auf einem Trampelpfad über eine steile Wiese hinaufsteigen. Wie alle Gipfel auf dieser Wanderung wirkt auch das **Ofterschwanger Horn (2)**, 1406 m, nicht sonderlich spektakulär, aber der Ausblick von seiner breiten Wiesenkuppe über das Illertal und die hohen Gipfel des Allgäuer Hauptkammes dahinter ist sensationell. Über den steilen Südhang geht es mehr oder weniger weglos hinunter zur (während des Alpsommers bewirtschafteten) **Fahnengehrenalpe (3)**, 1330 m, bevor der Weg durch einen hübschen Wald langsam wieder an Höhe gewinnt.

Unterhalb des Rangiswanger Horn gelangen wir wieder in freies Gelände. Der Anstieg zu diesem Gipfel ist recht steil und zieht sich in vielen Kehren durch ausgewaschene Erosionsrillen hinauf. Nach Regen ist es hier oft unangenehm rutschig und der Hang selber trägt die unschönen Spuren der vielen Wanderer, die sich alle einen halbwegs trockenen Weg gesucht haben. Oben am **Rangiswanger Horn (4)**, 1616 m, erwarten uns wieder eine ausgedehnte Wiesenkuppe und ein prächtiger Rundblick, der auch hinüber ins westlich gelegene Gunzesrieder Tal reicht.

Rast am Rangiswanger Horn.

Brotzeit mit Aussicht am Weiherkopf-Gipfelkreuz.

Der Abstieg vom Gipfel über seine Südflanke ist gemächlicher als der Anstieg, und nach wenigen Minuten treffen wir wieder auf den Hauptweg, 1563 m, auf dem man den Gipfel des Rangiswanger Horn links hätte umgehen können.

Durch ein kleines Waldstück, und plötzlich breitet sich vor uns ein wunderschönes Hochmoor aus, gespickt mit einigen pittoresken Fichten. Im Hintergrund erblickt man die Allgäuer Alpen. Hinter dem Moor folgt noch ein letzter, recht steiler Anstieg hinauf zum **Weiherkopf (5)**, 1665 m, dem höchsten Punkt auf unserer Tour und dem letzten Gipfel, der seinen Vorgängern in puncto Aussicht in nichts nachsteht. Die letzte kurze Etappe besteht aus einem sehr steilen Abstieg hinunter zur **Bergstation der Hörnerbahn (6)**.

Variante: Wem der Sinn nicht so nach einer Busfahrt von der Talstation Bolsterlang zurück nach Ofterschwang (inklusive möglicher Wartezeiten) steht, der kann natürlich auch den gesamten Weg wieder zurück zum Ofterschwanger Horn gehen und von dort mit dem Sessellift hinabfahren (der gesamte Rückweg dauert ca. 75 bis 90 Minuten; Achtung: letzte Talfahrt ca. 16.30 Uhr).

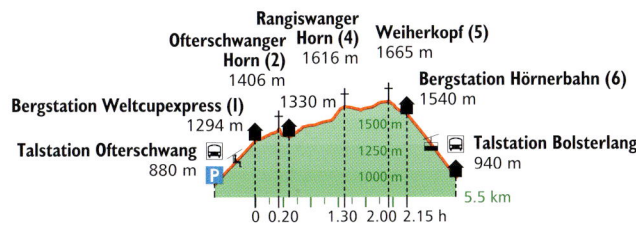

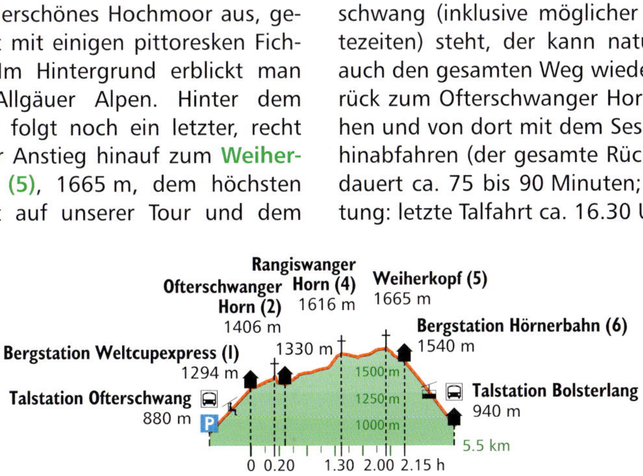

Oberallgäu

17 Auf das Riedberger Horn

Aussichtsreicher Grasgipfel mit herrlichem Panorama ★★★

Dank der Straße, die über den rund 1400 m hohen Riedbergpass das Illertal mit dem Balderschwanger Tal verbindet, gelangt man mühelos bis zu den Ausläufern des Riedberger Horns, einem der herrlichsten Aussichtsberge des Allgäus. Die vielen »Hörner« und »Köpfe« in der Umgebung – Ofterschwanger Horn, Piesenkopf, Bleicherhorn und viele andere – mit ihren sanften Hängen und guten Böden werden intensiv für die Almwirtschaft genutzt. Der ursprünglich vorhandene Wald ist weitflächig gerodet worden und hat weiten, offenen Wiesen Platz gemacht, die heute dem Allgäu sein unverwechselbares Gesicht geben. So auch am Riedberger Horn, welches die höchste Erhebung des großen, sanft geschwungenen Talkessels von Grasgehren bildet. Eine recht kurze Wanderung bringt uns hinauf und belohnt mit einem fantastischen 360-Grad-Blick.

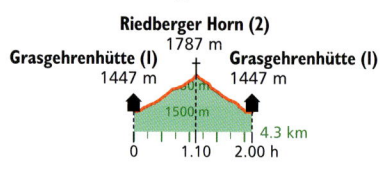

KURZINFO

Ausgangspunkt: Berghütte Grasgehren, 1447 m, am Riedbergpass, kostenloser Parkplatz, Bushaltestelle.
Anfahrt: Von Kempten kommend die B 19 bis Fischen, dort westwärts ca. 9 km Richtung Balderschwang und hinauf auf den Riedbergpass. Direkt hinter der Passhöhe abbiegen zur Grasgehrenhütte. Teils enge und steile Passstraße. Mäßige Busverbindungen (3- bis 4-mal täglich ab Oberstdorf bzw. Fischen), Haltestelle »Grasgehren«. Navi: 87538 Obermaiselstein, Riedbergpass 1.
Gehzeit: 2.00 Std.
Distanz: 4,3 km.
Höhenunterschied: 350 m.
Anforderungen: Alpines Gelände, aber gut zu begehende Wege. Teils recht steile Serpentinen und Anstiege (bzw. Abstiege, die für Wanderer mit Knieproblemen unangenehm sein könnten; Teleskopstöcke sind hilfreich).
Einkehr: Berghütte Grasgehren, 1447 m, 1-, 2-, Mehrbettzimmer und 2 Bettenlager, Tel. +49 8326 7773.
Kinder: Auch für Familien mit Kindern einer der beliebtesten »kleinen« Gipfel im Oberallgäu: Alpwiesen mit Kühen, ein nicht allzu langer Anstieg, manchmal zwar etwas steil, aber nie gefährlich, auf ein breites Gipfelplateau zum Picknicken und Toben.
Tourist-Info: Obermaiselstein Tourismus, Am Scheid 18, 87538 Obermaiselstein, Tel. +49 8326 277, www.obermaiselstein.de; oder Tourismus Hörnerdörfer, Tel. +49 8326 36460, www.hoernerdoerfer.de.

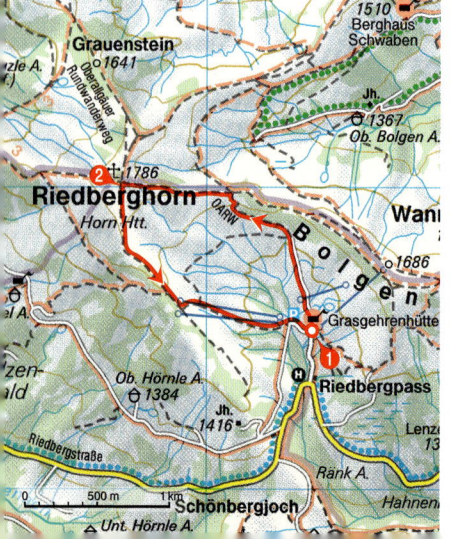

Fernblick mit Alpenrosen am Riedberger Horn.

Der weite Talkessel von Grasgehren ist ein beliebtes Skigebiet, wovon auch der große **Parkplatz (1)** zeugt. Und auch im Sommer lockt die leichte Wanderung zahlreiche Besucher an. An der **Berghütte Grasgehren** vorbei wandern wir auf einem breiten steinigen Weg nordwärts: weite Wiesen, Alpflächen, ein paar eingestreute Alpenrosen, Kühe, das allgegenwärtige Läuten der Kuhglocken – es geht kaum allgäu-typischer. In unserem Rücken erhebt sich der breite Felsenkamm des Besler, während wir allmählich an Höhe gewinnen. Nach einigen recht steilen Passagen erreichen wir schließlich einen **Kamm**, 1616 m, der den Übergang zum Bolgenachtal bildet. Jenseits schließt sich die Hörnerkette mit dem Weiherkopf an (vgl. Tour 16).

Wir halten uns allerdings links und steigen auf dem schmalen Grat weiter an. Mit jedem gewonnenen Meter wird die Aussicht schöner, links in der Ferne bestimmen mehr und mehr die Allgäuer Alpen die Szenerie, zusammen mit dem Besler genau im Süden und den Gottesackerwänden dahinter. Einige letzte Serpentinen, dann haben wir das weitläufige Gipfelplateau des **Riedberger Horns (2)**, 1787 m, erreicht – mit grandiosem Panorama. Der Gipfel ist meist gut besucht, aber wegen seiner großen Ausdehnung bleibt für jeden ein ruhiges Plätzchen, um die Aussicht zu genießen. Neben den Allgäuer Alpen, die im gesamten Osten und Süden die imposante Hintergrundkulisse bilden, rücken auch die Berge im Norden und Westen ins Blickfeld: der Grünten, die lange Nagelfluhkette zwischen Mittag und Hochgrat, gefolgt vom Balderschwanger Tal, hinter dem man ganz in der Ferne den Säntis erblicken kann.

Der Abstieg erfolgt über den Südhang: anfangs in steilem, etwas geröllligem Zickzack bergab, dann allmählich etwas angenehmer weiter abwärts über den breiten Rücken, ehe wir uns nach links wenden und parallel zu einem (Skipisten-)Wiesenhang in Richtung **Grasgehrenhütte (1)** absteigen, wo sich unser Kreis schließt.

Oberallgäu

18 Judenkirche und Hirschsprung

Stille Wanderung zu bizarren Felsformationen

Zwischen Fischen und Oberstdorf liegt quer im Illertal – irgendwie unpassend, als ob er nicht so recht dorthin gehört – ein dicht bewaldeter, knapp drei Kilometer langer Bergrücken aus hartem Kalkstein, der Ochsenberg. Eine stille Wanderung führt einmal um den Berg herum, durch helle Laubwälder und blühende Wiesen, längs durch ein beeindruckendes Trockental mit hoch aufragenden Felswänden hinauf zur bizarren Felsformation der Judenkirche.

KURZINFO

Ausgangspunkt: Kleiner Parkplatz am Hirschsprung, 882 m (enge Felspassage), an der Straße Tiefenbach – Obermaiselstein, Bushaltestelle.
Anfahrt: Entweder von Fischen über Obermaiselstein oder von Oberstdorf über Tiefenbach, jeweils nur wenige Kilometer. Etwa stündlich RVA-Busse Linie 9744 zwischen Oberstdorf und Fischen mit Halt am »Hirschsprung«. Navi: 87561 Oberstdorf-Tiefenbach, Lochbachstraße.
Gehzeit: 3.00 Std.
Distanz: 6,9 km.
Höhenunterschied: 260 m.
Anforderungen: Mit Ausnahme des recht steilen Anstiegs hinauf zur Judenkirche überwiegend angenehm zu gehende, breite Wald- und Wiesenwege, entlang der Straße ein kurzes Teerstück. Teils schlecht beschildert.
Einkehr: Keine Möglichkeit.
Kinder: Spannend ist der imposante Felsbogen der Judenkirche im tiefen Wald, und beim Aufstieg kommt man an einer hohen, senkrechten Felswand vorbei, an der man Kletterern zusehen kann.
Hinweis: Wer sich die hellen Kalkfelsen, die uns auf dieser Tour begleiten, noch aus einer anderen Perspektive anschauen möchte, dem sei ein Besuch der Sturmannshöhle empfohlen. Diese ist in etwa 30 Gehminuten vom Parkplatz Hirschsprung auf einem schönen Waldweg zu erreichen. Auf gut gesicherten Stufen (festes Schuhwerk vorausgesetzt) geht es 300 m tief in eine z. T. etwas enge – und mit einer konstanten Temperatur von 4 °C auch ziemlich kühle – Höhle hinunter zu einem gurgelnden Höhlenbach.
Tourist-Info: Tourismus Oberstdorf, Oberstdorf Haus, Prinzregenten-Platz 1, 87561 Oberstdorf, Tel. +49 8322 7000, www.oberstdorf.de.

St. Barbara in Tiefenbach.

Wir beginnen unsere Wanderung am Hirschsprung (1), einem schmalen Felsdurchbruch an der Straße von Obermaiselstein nach Tiefenbach. An dieser Engstelle ist zwischen den hohen Felswänden gerade genug Platz für die Straße und den Fußweg. Vor uns liegt ein etwa 500 m langer, enger Talabschnitt, der mit seinen freundlichen Buchenwäldern und den hohen Felswänden aus hellem Kalkstein wie ein kleines Stück Altmühltal wirkt. Allerdings scheint erstaunlicherweise ein Fluss zu fehlen, der dieses Tal geschaffen hat. Die Erklärung ist in der Vergangenheit zu suchen: Vor der letzten Eiszeit floss die Breitach, vom Kleinwalsertal kommend, durch dieses Tal, ehe sie sich in mühevoller Arbeit einen neuen Weg in Form der Breitachklamm grub. Das vor uns liegende Flusstal fiel daraufhin trocken und zeugt nur noch von der fräsenden Kraft, die die alte Breitach damals an den Tag gelegt haben muss.

Wir wandern südwärts durch den engen Talabschnitt auf einem Fußweg entlang der ruhigen Straße, bis sich das Tal weitet. Dann überqueren wir die Straße und folgen einem Weg am Waldrand entlang. Bald erreichen wir offene Wiesen mit Blick auf Fellhorn und Trettachspitze und biegen an der nächsten Abzweigung nach links ab. 100 m geht es bergauf, dann wenden wir uns nach rechts und wandern ohne nennenswerte Steigungen auf einem Wiesenweg zur fotogenen Kirche St. Barbara (2).

Von dort zieht sich der Pfad den Hang hinauf. Steil geht es durch den herrlichen Buchenwald. Wir passieren eine lange, hohe – und bei Kletterern sehr beliebte – Felswand aus glattem Schrattenkalk und treffen bald darauf auf eine kleine Wiese mit einem schönen Ausblick auf den Oberstdorfer Talkessel. Dort biegen wir nach links ab und erreichen nach

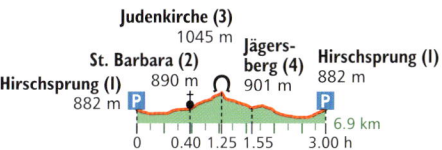

Der imposante Felsbogen der Judenkirche.

einem steilen Anstieg den höchsten Punkt der Wanderung, die sogenannte Judenkirche (3), 1045 m: ein mächtiger, natürlicher Felsbogen aus hellem Kalk mit einer mächtigen Höhlung dahinter. Eine »Judenkirche« hat sich hier nie befunden; die seltsame Bezeichnung hat ihren Ursprung im Mittelalter und deutet eher darauf hin, dass damals den Menschen dieser Ort irgendwie fremd und heidnisch erschien. Und eine Faszination und gewisse Magie kann man ihm wirklich nicht absprechen.

Von der Judenkirche folgen wir einem steilen Waldweg bergab, der uns nach wenigen Minuten auf einen Wirtschaftsweg bringt. Entlang einiger Alphütten wandern wir durch Alpwiesen, gespickt mit Obstbäumen, hinab zu den Häusern von Jägersberg (4), von wo sich uns ein prächtiger Blick auf Oberstdorf und die Allgäuer Alpen bietet. Links am Gasthaus vorbei bringen wir noch einen letzten, kurzen Anstieg durch blühende Wiesen hinter uns und folgen ab dann den Wegweisern zum Hirschsprung.

An einer Weggabelung wählen wir den rechten Weg, der uns allmählich bergab führt. Nach einer Viertelstunde zweigt links ein schmaler, wunderschöner Waldweg ab, auf dem wir, vorbei an einem kleinen Wasserfall, schließlich den Waldrand erreichen. Vor uns breiten sich die sonnendurchfluteten Wiesen von Oberdorf und Obermaiselstein aus, im Hintergrund erheben sich der Weiherkopf und der Wannenkopf. Durch diese Wiesen laufen wir ohne größere Steigungen in 20 Minuten zurück zu unserem Ausgangspunkt am Hirschsprung (1).

Oberallgäu

Seenwanderung am Nebelhorn

Hochalpine Traumtour zum Engeratsgundsee ★★★

Das 2224 Meter hohe Nebelhorn direkt oberhalb von Oberstdorf ist – dank der Seilbahn – sicherlich einer der meistbesuchten Gipfel der Region. Höher hinauf als hier kann man sich im Allgäu nicht transportieren lassen, und die Werbung lockt mit einem 400-Gipfel-Blick. Es herrscht also ein gewisser Trubel in diesen alpinen Höhen, aber wer die unmittelbare Nähe der Bergstation hinter sich lässt, kann eine überraschend stille Berglandschaft genießen. Diese Wanderung führt uns über die weite, sonnige und ungemein aussichtsreiche Karsthochfläche des Koblat am stillen Laufbichlsee vorbei bis hinüber zum herrlichen Engeratsgundsee. Eine der schönsten Touren, die das Oberallgäu zu bieten hat. Wegen der alpinen Höhenlage und des teils recht steinigen Wegs eine der schwersten Touren in diesem Buch.

KURZINFO

Ausgangspunkt: Nebelhornbahn (60-Pers.-Großkabinenbahn; Betriebszeiten Ende Mai–Anfang Nov. 8.30–16.50 Uhr; Tel. +49 8322 9600-0; Info-Tel. 0700 555 33666 aus D; www.ok-bergbahnen.de); Talstation Oberstdorf, 823 m, Parkplatz, Stadtbushaltestelle; Bergstation Höfatsblick, 1929 m (Sektion II).
Anfahrt: Von Kempten kommend die B 19 bis Oberstdorf, auf schmalen Straßen links um den Ort herum zur Nebelhornbahn/Oybelehalle am östlichen Ortsrand. 10 Min. Fußweg vom Bahnhof; Züge aus Richtung Immenstadt etwa 1- bis 2-mal/Std. Navi: 87561 Oberstdorf, Rossbichlstraße.
Gehzeit: 4.15 Std.
Distanz: 10,6 km.
Höhenunterschied: 420 m.
Anforderungen: Hochalpines Gelände, recht steinig. Der schmale Weg schlängelt sich ohne größere An- und Abstiege durch die Karsthochfläche des Koblat.
Einkehr: Edmund-Probst-Haus, 1930 m, direkt an der Station Höfatsblick, Alpenvereinshütte, 54 Betten, 54 Lager, Tel. +49 8322 4795 (ruhige Verpflegungs-Alternative zum Restaurant Höfatsblick); Bergrestaurant Höfatsblick, 1932 m, direkt an der Seilbahnstation.
Kinder: Drei schöne Seen unterwegs, aber nur für bergsichere Kinder zu empfehlen. Der Nachwuchs sollte schon sehr trittsicher sein und nicht allzu unbedarft herumtollen, denn das abseits der Wege doch recht scharfkantige Kalkgestein auf der Koblat-Hochebene ist für manche Knöchel nicht ganz ungefährlich. An der Station Höfatsblick wartet ein Kinderspielplatz auf die Kleinen.
Winter: Naturrodelbahn (3 km) ab der Station Seealpe (mit Rodelverleih). Geräumter Winterwanderweg ab Station Höfatsblick hinüber zum Zeigersattel (30 Min. hin/zurück) und ein kurzer Rundwanderweg ab der Station Höfatsblick.
Tourist-Info: Tourismus Oberstdorf, Oberstdorf Haus, Prinzregenten-Platz 1, 87561 Oberstdorf, Tel. +49 8322 7000, www.oberstdorf.de.

Anders als die Gipfelstation, die sich noch etwa 400 Höhenmeter höher befindet und einen prächtigen Rundblick gewährt, liegt die Station Höfatsblick in einer weiten Wanne, die sich nur Richtung Westen etwas öffnet. Wer nur zur Gipfelschau aufs Nebelhorn kommt, fährt also meistens noch eine Etage höher, Wanderer hingegen starten in der Regel an

Der malerische Engeratsgundsee.

der **Station Höfatsblick (1)**, wo ein reichhaltiges Tourenangebot wartet. Auf unserer Tour steigen wir schräg den Osthang hinauf zu einem Grat, auf dessen anderer Seite sich das südliche Ende des Hintersteiner Tales ausbreitet. Vor uns erstreckt sich die breite Karsthochfläche des Koblat, die auf ihrer linken Seite vom lang gezogenen Felsgrat der Wengenköpfe überragt wird, über den der Hindelanger Klettersteig verläuft. Unser Weg schlängelt sich mit leichtem Auf und Ab durch diese bucklige, von hellen Felsen durchsetzte vegetationsarme Hochfläche, auf der es aufgrund ihrer Südexposition im Hochsommer schon mal ziemlich heiß werden kann. Links hoch über uns sind manchmal Alpinisten auf dem Hindelanger Klettersteig zu erkennen, und nach rechts haben wir freie Sicht auf die Allgäuer Alpen mit der markanten Pyramide des Hochvogel als zentralem Blickfang. Schließlich erreichen wir den fast völlig von Kalkschutt umgebenen **Koblatsee (2)** und wenige Minuten später auch den hübschen **Laufbichlsee (3)**.

Variante: Wer ein echtes Gipfelerlebnis sucht, biegt vor dem See links ab, wo sich der Weg in Serpentinen hinaufwindet zum Großen Daumen, einem großartigen Aussichtsberg. Der Anstieg ist anfangs zwar anstrengend, der Gipfel aber letztlich einfach, da seine Südseite von einem breiten, nur leicht ansteigenden Wiesenhang gebildet wird (2280 m; ca. 275 Hm bzw. 1 Std. Gehzeit Auf- und Abstieg).

Oberallgäu

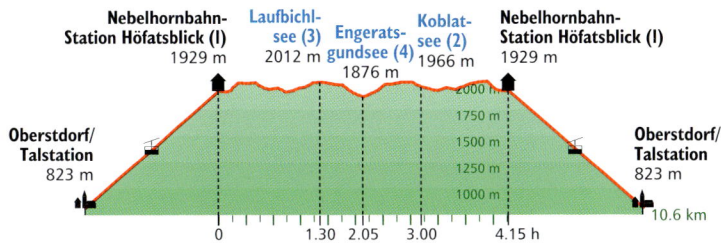

Aber auch ohne Gipfelausflug lässt sich der Aufenthalt am schönen Laufbichlsee bestens genießen. Und außerdem wartet noch der schönste See der Wanderung auf uns. Der Weg verläuft weiter auf der Koblat-Hochfläche, verliert aber nun allmählich etwas an Höhe. Gleichzeitig verändert sich auch ein wenig die Umgebung: die hellen, frei liegenden Felspartien, die bisher so dominierend waren, werden seltener, es wird allmählich grüner. Rechts vor uns erhebt sich der extrem steile Wiesengrat der Laufbichlkirche (ein Pendant zur Schneck und zur Höfats, deren im Süden erkennbare Gipfel aus dem gleichen Gestein aufgebaut sind). Schließlich eine letzte Biegung, und vor uns breitet sich der wunderschöne **Engeratsgundsee (4)** aus – der Umkehrpunkt unserer Tour und ein herrlicher Platz für eine Rast.

Der Rückweg zur **Station Höfatsblick (1)** erfolgt auf demselben Weg. **Variante:** Vom Engeratsgundsee erreicht man in etwa zweistündigem Abstieg das Giebelhaus, 1060 m, im Hintersteiner Tal. Von dort lässt sich – allerdings etwas umständlich – mit Bus und Bahn über Hinterstein, Bad Hindelang und Sonthofen der Ausgangsort Oberstdorf erreichen (Info über den Bus ab Giebelhaus: www.wechs.net; in der Hauptsaison letzte Fahrt ca. 18 Uhr).

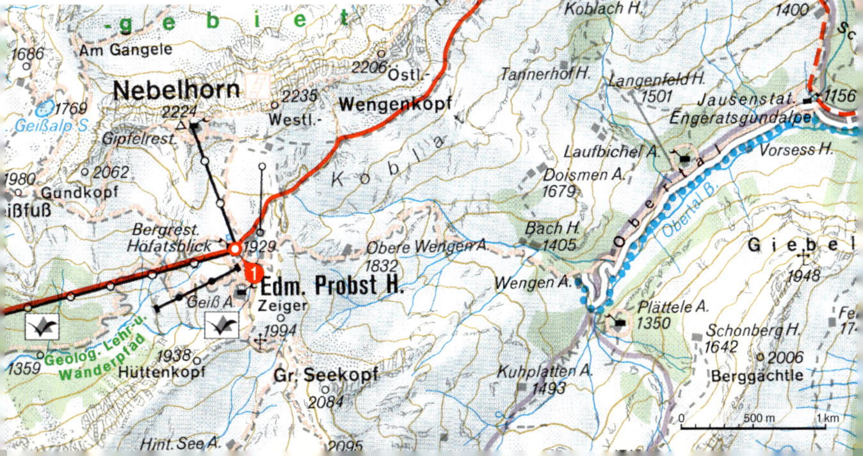

Oberallgäu

20 Höhenweg zum Laufbacher Eck

Panoramawanderung hoch über dem Oytal

Die wohl schwerste Tour in diesem Buch! Zunächst bringt uns die Nebelhornbahn noch bequem – wenn auch nicht immer ganz ohne Wartezeiten, besonders an Wochenenden – hinauf in alpine Gefilde. Das Tourenangebot hier oben ist groß (s. auch Tour 19) und trotz der Höhe und der alpinen Szenerie sind viele der Wanderungen erstaunlich einfach. Diese Panoramatour hinüber zum Laufbacher Eck ist ein echter Leckerbissen: Der wunderschöne Weg führt mit nur geringem Auf und Ab allerdings recht ausgesetzt hoch über dem Oytal entlang, vorbei an prächtigen Ausblicken auf den viel fotografierten Seealpsee, die berühmte Höfats und die Allgäuer Alpen. Der anstrengendste Teil der Wanderung wartet am Ende in Form des Aufstiegs zum Laufbacher Eck, der aber nicht zwingend Teil der Tour sein muss. Da es bei dieser Wanderung hin und zurück auf demselben Weg geht, kann man sie nach Lust und Kondition beliebig verkürzen.

KURZINFO

Ausgangspunkt: Nebelhornbahn (60-Pers.-Großkabinenbahn; Betriebszeiten Ende Mai–Anfang Nov. 8.30–16.50 Uhr; Tel. +49 8322 9600-0; Info-Tel. 0700 555 33666 aus D; www.ok-bergbahnen.de); Talstation Oberstdorf, 823 m, Parkplatz, Stadtbushaltestelle; Bergstation Höfatsblick, 1929 m (Sektion II).
Anfahrt: Von Kempten kommend die B 19 bis Oberstdorf, auf schmalen Straßen links um den Ort herum zur Nebelhornbahn/Oybelehalle am östlichen Ortsrand. 10 Min. Fußweg vom Bahnhof; Züge aus Richtung Immenstadt etwa 1- bis 2-mal/Std. Navi: 87561 Oberstdorf, Rossbichlstraße.
Gehzeit: 5.00 Std.
Distanz: 10,6 km.
Höhenunterschied: 470 m.
Anforderungen: Bis zum Zeigersattel breiter Weg, danach geht es auf einem schmalen Wanderpfad mit nur geringem Auf und Ab am steilen Wiesenhang entlang. Nicht schwierig, aber recht ausgesetzt; trittsicher und schwindelfrei sollte man also schon sein. Zum Laufbacher Eck am Tourende ein steiler Anstieg.
Einkehr: Edmund-Probst-Haus, 1930 m, direkt an der Station Höfatsblick, AV-Hütte, 54 Betten, 54 Lager, Tel. +49 8322 4795 (ruhige Alternative zum Restaurant Höfatsblick); Bergrestaurant Höfatsblick, 1932 m, direkt an der Seilbahnstation.

Kinder: Für größere Kinder, die gerne wandern und trittsicher sind, eine schöne Tour mit wenigen Steigungen. Ausnahme ist der Aufstieg zum Laufbacher Eck (diesen kann man aber auch auslassen und die Tour verkürzen, wenn beim Nachwuchs Proteste aufkommen). Oft geht es allerdings an recht abschüssigen Wiesenhängen entlang, bei denen besondere Vorsicht angebracht ist. Der Weg hinüber zum Zeigersattel ist breit genug für Kinderwagen, aber recht steil zum Schieben. An der Station Höfatsblick wartet ein Kinderspielplatz.

Winter: Naturrodelbahn (3 km) ab der Station Seealpe (mit Schlittenverleih). Geräumter Winterwanderweg ab Station Höfatsblick hinüber zum Zeigersattel (30 Minuten hin und zurück) und ein kurzer Rundwanderweg ab der Station Höfatsblick.

Tourist-Info: Tourismus Oberstdorf, Oberstdorf Haus, Prinzregenten-Platz 1, 87561 Oberstdorf, Tel. +49 8322 7000, www.oberstdorf.de.

Der Hochvogel vom Laufbacher Eck.

Oberallgäu

Rund um die **Bergstation Höfatsblick (1)** ist immer recht viel Trubel, sodass wir uns schnell auf den Weg hinüber zum Zeigersattel machen. Dazu wandern wir auf einem breiten Fahrweg in südlicher Richtung etwas bergab, um dann auf dem Gegenhang allmählich zu dem grünen **Zeigersattel (2)** hinaufzusteigen, der uns anfangs noch die freie Sicht auf die hohen Gipfel versperrt. Umso größer ist dann die Begeisterung, wenn wir auf der anderen Seite des Passes stehen. Was für ein Panorama! Als Blickfang der wunderschöne, tiefblaue Seealpsee, und dahinter die Allgäuer Alpen in ihrer ganzen Pracht. Die Nähe der Bergstation sorgt auch hier meist für recht viel Betrieb, aber auf den weitläufigen Wiesenhängen findet jeder einen halbwegs ruhigen Platz, um die Aussicht gebührend genießen zu können.

Jenseits des Passes wird es merklich stiller. Der Weg Richtung Laufbacher Eck zieht sich ohne größere Höhenunterschiede am linken Hang des weiten Talkessels entlang. Steile Grashänge prägen das Gelände, der Weg ist oft schmal, aber ungefährlich, sofern man nicht allzu verträumt die Landschaft bewundert. Hinter dem spitzen Grasgipfel des **Schochen** biegt der Hang nach links ab, und ab jetzt verläuft der Wanderweg – sich immer grob an der 2000-m-Höhenlinie orientierend – als wunderschöner Höhenweg hoch oberhalb des Oytals. Die Aussicht ist spektakulär: der Talschluss mit

Postkarten-Panorama vom Zeigersattel mit dem Seealpsee unterhalb.

Wanderer vor der Höfats.

Schneck und Großen Wilden vor uns, und auf der gegenüberliegenden Talseite die markante Höfats. Scharfe Augen können den Stuibenfall und die Käseralpe entdecken.
Eine kurze seilgesicherte und nicht wirklich schwierige Passage ist zu überwinden, dann steuern wir langsam auf das Laufbacher Eck zu. Der einzige nennenswerte Anstieg dieser Tour führt uns am Ende im weiten Zickzack rund 150 Höhenmeter hinauf zur Passhöhe des **Laufbacher Eck (3)**, 2178 m, die den Übergang zum Hintersteiner Tal bildet. Und genau gegenüber thront die eindrucksvolle Dolomit-Pyramide des Hochvogel.
Retour geht es auf demselben Weg zur **Station Höfatsblick (1)**.

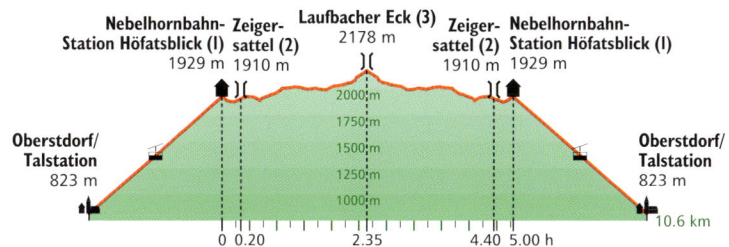

Oberallgäu

21 Ins Oytal

Talwanderung entlang rauschender Bergbäche

Das Oytal ist eines der vielen schönen Täler, die es im direkten Umfeld von Oberstdorf zu entdecken gibt. Wer über die weiten Wiesen im Süden des Ortes wandert, hat einen freien Blick auf die spektakulären Gipfel von Schneck und Großem Wilden, die den Talschluss überragen. Die hier vorgestellte leichte – allerdings auch gut frequentierte – Wanderung leitet uns an den Ufern der rauschenden Trettach und des unglaublich klaren Oybachs hinein in das enge Tal, zu der weiten Ebene des Oytalhauses, die sich unterhalb der beeindruckenden Seewände erstreckt und die im Osten von den hohen Dolomitgipfeln des Wilden überragt wird.

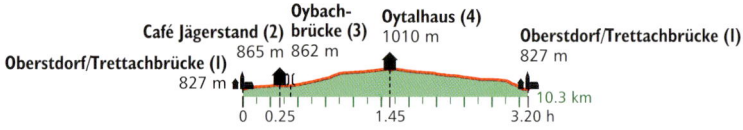

Blick auf Schneck und Großen Wilden im hinteren Oytal.

KURZINFO

Ausgangspunkt: Oberstdorf, Trettachbrücke, 827 m, bei der Talstation der Nebelhornbahn, Parkplatz, Stadtbushaltestelle.

Anfahrt: Von Kempten kommend die B 19 bis Oberstdorf, auf schmalen Straßen links um den Ort herum zur Nebelhornbahn/Oybelehalle am östlichen Ortsrand. 10 Min. Fußweg vom Bahnhof; Züge aus Richtung Immenstadt etwa 1- bis 2-mal/Std. Navi: 87561 Oberstdorf, Rossbichlstraße.

Gehzeit: 3.20 Std.
Distanz: 10,3 km.
Höhenunterschied: 200 m.

Anforderungen: Breite, leichte Wege mit nur geringen Anstiegen an Trettach und Oybach entlang, teils Schotter, teils Teerstraße. Oft Spaziergang-Charakter.

Einkehr: Café Jägerstand, 865 m; Berggasthof Oytalhaus, 1010 m.

Kinder: Völlig gefahrlose Wanderung auf breiten Wegen. An der Trettach und am Oybach können sich die Kleinen zwischendurch immer wieder ablenken, und für größere Kinder bietet sich evtl. für den Rückweg nach Oberstdorf eine Rollerfahrt an: Roller können am Oytalhaus gemietet werden; das ist allerdings nicht ganz billig, und da es über weite Strecken kaum Gefälle gibt, ist auch das »Rollen« noch mit etwas Arbeit verbunden. Alternativ gäbe es noch eine Pferdekutsche für die Rückfahrt, mit Abfahrt meist am frühen Nachmittag (ggf. vorher in Oberstdorf erkundigen). Die gesamte Tour ist kinderwagentauglich, auf dem Dr.-Hohenadl-Weg entlang des Oybachs gibt es allerdings ein paar steile und anstrengende Wegstrecken zum Schieben.

Winter: Die gesamte Wegstrecke wird im Winter geräumt.

Tourist-Info: Tourismus Oberstdorf, Oberstdorf Haus, Prinzregenten-Platz 1, 87561 Oberstdorf, Tel. +49 8322 7000, www.oberstdorf.de.

Das Oytal in der Umgebung des Oytalhauses.

Wir starten unsere Wanderung an der **Trettachbrücke (1)**, in Sichtweite der Nebelhornbahn-Talstation, und laufen am rechten Ufer flussaufwärts. Schon bald erreichen wir unterhalb des **Cafés Jägerstand (2)** eine weitere Brücke, wo sich das bisher recht enge Tal öffnet und wir auf die andere Uferseite wechseln. Für Kinder bieten an dieser Stelle die breiten, flachen Kiesbänke schöne Spielmöglichkeiten. Nun geht es ein kurzes Stück auf der autofreien Straße weiter, bis von links der **Oybach** zur Trettach stößt. Vor der **Brücke (3)** biegen wir links ab und wandern genüsslich den wunderschönen »Dr. Hohenadl-Weg« am klaren Bach entlang. Ein hübscher Mischwald umgibt uns, und rechts rauscht das Wasser, meist harmlos, manchmal aber auch durch wilde Felspassagen hindurch.

Bald steigt der Weg etwas an und verläuft etwas oberhalb des Baches – bzw. oberhalb des Bachbettes, denn ein Blick hinunter offenbart Erstaunliches: der bisher so munter dahinfließende Oybach ist völlig verschwunden, das Flussbett staubtrocken! Des Rätsels Lösung: Der Oybach verschwindet für ein Weilchen komplett im Untergrund; knapp oberhalb des Oytalhauses versickert sein Wasser allmählich im kiesigen Untergrund, um erst rund 4 km talauswärts wieder in Form von zahlreichen Quellen zum Vorschein zu kommen. Diese können aufmerksame Wanderer unterwegs entdecken.

Am Ende des steilen Anstiegs trifft der Weg auf die **Teerstraße**, die alternativ von Oberstdorf ins Oytal führt. Das Tal öffnet sich etwas und macht Platz für eine weite Alpwiese. Es geht durch eine schöne Platanenallee, ehe sich plötzlich die weiten Au-Ebenen (die dem Tal den Namen gegeben haben) rund um das Oytalhaus vor uns ausbreiten. Anstatt auf der Straße geradeaus zu gehen, biegen wir gleich am Beginn der Ebene links in einen schmalen Kiesweg ein, der am linken Talrand parallel zum (trockenen) Oybach verläuft. Links recken sich die steilen Seewände in den Himmel – von denen sich manchmal nach längeren nassen Tagen ein dünner, aber sehr hoher Wasserfall hinabstürzt –, und vor uns erhebt sich der etwas seltsam anmutende, grasbewachsene Gipfel der Schneck. Rechts davon rücken allmählich die Dolomitgipfel des Großen Wilden ins Bild; ein wahrlich beeindruckendes Panorama. Am Ende der Wiese haben wir schließlich den **Berggasthof Oytalhaus (4)** erreicht.

Variante: Wer noch etwas weiter wandern möchte: Direkt hinter dem Oytalhaus wird das Tal allmählich wilder, der Weg wird holpriger, aber für knapp 2,5 km gibt es kaum ernst zu nehmende Anstiege. Es geht vorbei an der Unteren Gutenalpe (Jausenstation), 1048 m, ehe beim Prinzenkreuz, 1089 m, die steilen Serpentinen hinauf zur Käseralpe und zum Stuibenfall beginnen.

Der Rückweg vom Oytalhaus erfolgt ausschließlich auf dem autofreien Teerweg: Fast immer leicht bergab wandern wir durch die über 1 km lange, schöne Platanenallee, dann durch ein Stück Wald, ehe sich das Tal öffnet und wir auf einem sonnendurchfluteten Wiesenhang die letzten Meter nach Oberstdorf zurücklegen. Kurz vor dem Ort, beim **Gasthof Kühberg**, verlassen wir die Straße und steigen in vielen Kehren einen schmalen Waldweg hinunter zur Oybelehalle und schließen den Kreis an der **Trettachbrücke (1)**.

In Richtung Osten, weiter hinein ins hintere Oytal (Variante).

Oberallgäu

22 ▶ Durchs Trettachtal nach Spielmannsau

Leichte Talwanderung mit prächtigen Ausblicken

Der Marktort Oberstdorf ganz im Süden des Illertales breitet sich auf einer weiten Wiesenebene aus, deren Hintergrund wie in einem Amphitheater von den hohen Gipfeln der Allgäuer Alpen gebildet wird. Fast sternförmig führen von dieser Ebene in alle Richtungen Täler weiter hinein in die Berge. Eines davon ist das Trettachtal, das direkt am Ortsrand beginnt und rund zehn Kilometer fast schnurgerade nach Süden in Richtung Allgäuer Alpen verläuft. Ein wunderschönes Tal, durch die unmittelbare Nähe Oberstdorfs gut besucht, trotzdem voller stiller Ecken. Auf dieser Wanderung genießen wir die klare Trettach, die weiten Auwiesen von Dietersberg und ganz im Süden des Tales die Ebene der Spielmannsau, die spektakulär von Kratzer und Trettachspitze überragt wird. Und auf dem Rückweg warten der glasklare Christlessee sowie der idyllische Moorweiher. Eine wunderschöne und abwechslungsreiche Tour ohne größere Herausforderungen und mit zahlreichen gemütlichen Einkehrmöglichkeiten unterwegs.

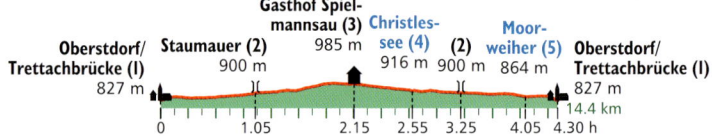

KURZINFO

Ausgangspunkt: Oberstdorf, Trettachbrücke, 827 m, bei der Nebelhornbahn-Talstation, Parkplatz, Stadtbushaltestelle.
Anfahrt: Von Kempten kommend der B 19 bis Oberstdorf, auf schmalen Straßen links um den Ort herum zur Nebelhornbahn/Oybelehalle am östlichen Ortsrand. 10 Min. Fußweg vom Bahnhof; Züge aus Richtung Immenstadt etwa 1- bis 2-mal/Std. Navi: 87561 Oberstdorf, Rossbichlstraße.
Gehzeit: 4.30 Std.
Distanz: 14,4 km.
Höhenunterschied: 230 m.
Anforderungen: Breite, leichte Wege mit kaum merkbaren Anstiegen, teils Schotter, teils Teerstraße. Eher Spaziergang-Charakter.
Einkehr: Gaststätte Riefenkopf, 906 m; Gasthof Spielmannsau, 985 m, Café-Restaurant Christlessee, 916 m, sowie weitere Möglichkeiten entlang des Weges.
Kinder: Die ganze Tour ist sicherlich etwas zu lang für kleinere Kinder; Beim Café Jägerhaus durchfließt die Trettach eine breite Kiesebene, auf der die Kleinen wunderbar spielen, Steinmännchen auftürmen oder Dämme bauen können. Beim Mumme-Stüble bei Dietersberg, in Spielmannsau und am Café Christlessee gibt es kleine Spielplätze; im Christlessee kann man im klaren Wasser Forellen und versunkene Bäume entdecken. Die gesamte Tour ist kinderwagentauglich.
Bademöglichkeit: Am Ende der Wanderung bietet das neben dem Moorweiher gelegene Moorbad Erfrischung (Mai–Okt. bei trockener Witterung).
Winter: Die Hauptwege bis nach Spielmannsau werden im Winter geräumt.
Tourist-Info: Tourismus Oberstdorf, Oberstdorf Haus, Prinzregenten-Platz 1, 87561 Oberstdorf, Tel. +49 8322 7000, www.oberstdorf.de.

Wir starten unsere Wanderung in Oberstdorf an der **Trettachbrücke (1)** in der Nähe der Nebelhorn-Talstation, wählen die der Stadt zugewandte Westseite des Flusses und folgen dem schönen Waldweg entlang der kristallklaren Trettach. Der Fluss windet sich hier durch eine Schlucht hindurch, die sich nach etwa 1 km öffnet und den Blick auf die Gipfel von Kratzer und Trettachspitze weit im Süden freigibt. Über eine **Brücke** (beim **Café Jägerstand**) gelangen wir auf die östliche Flussseite und folgen dem breiten Fahrweg flussaufwärts. Kurze Zeit später queren wir auf einer weiteren **Brücke** den von links aus dem gleichnamigen Tal herabrauschenden **Oybach**. Durch eine lange Platanenallee hindurch gelangen wir schließlich an einer kleinen **Staumauer (2)** auf eine Teerstraße, auf der wir taleinwärts weiterwandern.

Kurz darauf öffnet sich vor uns eine wunderschöne allgäutypische Tallandschaft: Alpwiesen, vereinzelte Bauernhäuser, und im Talschluss die markanten Gipfel von Trettachspitze und Kratzer. Genüsslich wandern wir entlang der weiten Wiesen, bis wir an deren südlichem Ende einen kleinen Bach überqueren. Anstatt rechts auf der geteerten Straße entlang der Trettach weiterzuwandern, halten wir uns gleich hinter dem Bach schräg links, queren eine kleine Lichtung mit zwei Gehöften und steigen ganz gemächlich auf einem angenehmen Waldweg bergan. Wir passieren einen von links aus Gerstruben kommenden Wegabzweig und wandern

Herbst im Trettachtal.

geradeaus taleinwärts, bis wir letztlich in Sichtweite der Häuser von Spielmannsau (3) wieder auf die Fahrstraße stoßen. Hinter dem kleinen Weiler breitet sich noch eine weitere Ebene aus, unterhalb des spektakulären Talschlusses. (Man kann noch etwa 1 km auf leichten Wegen weiter ins Tal hineinlaufen, u. a. zur Alpe Oberau, danach geht es etwas anspruchsvoller hinauf Richtung Kemptner Hütte und Allgäuer Alpen.)

Für den Rückweg folgen wir für etwa 20 Minuten der (autofreien) Teerstraße, biegen hinter der ersten Brücke über die Trettach links ab und wandern – parallel zur Straße – auf einem breiten Schotterweg zum Christlessee (4) (wobei wir das etwas überdimensionale Hotel geflissentlich ignorieren), einem wunderschönen Quellteich mit klarem Wasser, in dem zahlreiche Forellen zwischen versunkenen Baumstämme hin- und herflitzen. Für Stärkung sorgt bei Bedarf das nahe gleichnamige Café-Restaurant.

Vom Christlessee sind es nur wenige Meter bis zur Teerstraße, die wir – ebenso wie die Trettach – überqueren. Kurze Zeit später schließt sich ein erster Kreis und wir haben die weiten Wiesen von Dietersberg mit seinen zahlreichen Einkehrmöglichkeiten erreicht. Am Ende dieser Wiese überqueren wir bei dem kleinen Stauwehr (2) die Trettach, bleiben anschließend rund 1 km auf der Teerstraße und biegen dann – kurz bevor die Straße steil abfällt – rechts ab.

Anfangs an einem Golfplatz entlang gelangen wir auf einem wunderschönen Waldweg zum stillen Moorweiher (5). Auf einer der vielen aussichtsreichen und sonnigen Bänke kann man den schönen Tag noch einmal Revue passieren lassen, bevor wir die letzten Meter angehen: hinter dem Weiher schräg rechts, vorbei am Moorbad und dann durch Wald knapp oberhalb der Trettach hinunter zu unserem Ausgangspunkt an der Trettachbrücke (1).

Oberallgäu

Durchs Stillachtal nach Einödsbach 23

Zu Deutschlands südlichster Dauersiedlung ★★★

Neben Breitach und Trettach ist die Stillach der dritte Quellfluss der Iller, welche in Oberstdorf ihren Ursprung hat. Das Stillachtal beginnt gleich südlich vor den Toren Oberstdorfs und schiebt sich fast fjordartig weit in die Allgäuer Alpen hinein. Auf dieser schönen Wanderung erleben wir den mittleren Teil des Tales, wo sich der Talboden zu den weiten Wiesenebenen von Birgsau weitet. Wir wandern von dort gemütlich hinauf zum kleinen, ungemein pittoresk unterhalb von Trettachspitze und Mädelegabel gelegenen Weiler Einödsbach, der sicher zu den meistfotografierten Plätzen des Oberallgäus gehört.

KURZINFO

Ausgangspunkt: Faistenoy, bei der Fellhornbahn, Parkplatz und Bushaltestelle an der Stillachbrücke, 901 m.
Anfahrt: Aus Kempten kommend die B 19 Richtung Oberstdorf, dann rechts an Oberstdorf vorbei 9 km ins Stillachtal Richtung Fellhornbahn. Halbstündlich RVA-Busse Linie 9762 zwischen Oberstdorf (Bhf.) und Fellhornbahn bzw. Birgsau; Züge nach Oberstdorf aus Richtung Immenstadt etwa 1- bis 2-mal/Std. Navi: 87561 Oberstdorf, Faistenoy 10.
Gehzeit: 3.10 Std.
Distanz: 10,1 km.
Höhenunterschied: 220 m.
Anforderungen: Überwiegend breite, leichte Wege; Im Tal völlig eben, Spaziergang-Charakter. Der Anstieg nach Einödsbach bzw. Abstieg von der Buchenrainalpe ist etwas steiler. Die Etappe zwischen beiden Hütten verläuft auf schmalen Waldwegen.
Einkehr: Birgsauer Hof, 959 m; Eschbachalpe, 949 m; Berggasthof Einödsbach, 1100 m; Buchenrainalpe, 1132 m.
Kinder: Zwar eine leichte Wanderung auf breiten Wegen, aber nur schöne Berge ringsum ist vielleicht etwas zu wenig Abwechslung für den Nachwuchs. Erst der hintere Teil der Tour bietet mit zwei schönen Alphütten und zwei Gebirgsbächen Interessantes. Alternativ kann man die Tour abkürzen, indem man per Bus bis nach Birgsau fährt und sich dadurch den jeweils 3 km langen Hin-/Rückweg spart. Die Wanderung hinauf nach Einödsbach ist kinderwagentauglich (wenn auch z. T. etwas anstrengend zu schieben), beim Übergang zur Buchenrainalpe kommt man mit Gefährt allerdings nicht weit.
Winter: Der Weg bis nach Einödsbach wird im Winter geräumt; der Übergang zur Buchenrainalpe versinkt allerdings meist im Schnee.
Tourist-Info: Tourismus Oberstdorf, Oberstdorf Haus, Prinzregenten-Platz 1, 87561 Oberstdorf, Tel. +49 8322 7000, www.oberstdorf.de.

Nach der Anfahrt durch das recht enge Stillachtal weitet sich bei **Faistenoy** das Tal und gibt den Blick frei auf die hohen Dolomitgipfel von Trettachspitze und Co. genau vor uns im Süden. Weniger schön ist der riesige Parkplatz, der den Vordergrund bildet. Seine Dimensionen sind in erster Linie der Fellhornbahn geschuldet, deren Talstation sich rechts von uns befindet. Für unsere Wanderung bleiben wir auf dem kleineren **Parkplatz (1)** links der **Stillach**. Es führt eine autofreie Straße am Fluss entlang; wir wählen allerdings den schmalen Schotter-

Die Stillach im gleichnamigen Tal.

weg, der am linken, hinteren Parkplatzende beginnt und sich durch die Ebene von Birgsau taleinwärts zieht. Wir passieren zahlreiche verstreut in den Wiesen liegende Bauernhäuser sowie eine kleine **Kapelle (2)**, wobei wir immer direkt auf den markanten Gipfel der Trettachspitze zuhalten. Schließlich gelangen wir zum südlichen Ende der Wiesen, wo unser Aufstieg nach Einödsbach beginnt: An einer Weggabelung halten wir uns dazu links und wandern den mäßig ansteigenden Wirtschaftsweg durch Mischwald aufwärts. Rechts tief unter uns hören wir die Stillach rauschen, von der wir uns immer weiter entfernen. Nach knapp 30 Minuten haben wir unser Ziel erreicht: den Weiler **Einödsbach (3)**. Der Beiname »südlichste Dauersiedlung Deutschlands« mag angesichts der gerade mal vier Häuser plus Kapelle etwas dick aufgetragen sein, aber die Lage und das Panorama lassen nichts zu wünschen übrig. Auf einem kleinen sonnigen Südhang am Ausgang des Bacherloch-Tales gelegen, bildet das gesamte Ensemble einen der

Oberallgäu

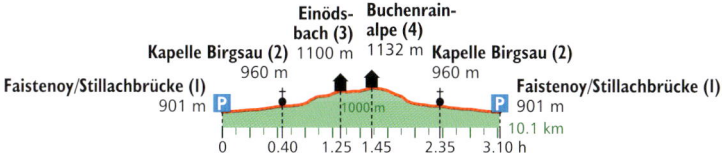

schönsten Plätze im Allgäu. Ein herausgeputztes altes Bauernhaus, die malerische Kapelle und hoch über allem die Gipfelparade mit Trettachspitze, Mädelegabel und Hochfrottspitze (mit 2649 m der höchste Gipfel im Allgäu).

Für den Rückweg wechseln wir auf die gegenüberliegende Talseite. Dazu folgen wir einem schmalen, etwas versteckt liegenden Pfad hinter dem **Gasthof Einödsbach**, der uns in wenigen Schritten hinunter zum Bacherlochbach bringt. Über einen kleinen Steg und auf einem Waldweg weiter taleinwärts bis zu einer Lichtung; dort führt ein schmaler Holzsteg über die Stillach, bzw. den **Rappenalpbach**, wie er hier im hinteren Talabschnitt heißt. Auf der anderen Bachseite treffen wir auf eine Teerstraße, auf der wir rechts in wenigen Minuten zur urigen **Buchenrainalpe (4)** hinaufsteigen. Das Panorama von hier steht dem von Einödsbach kaum nach: durch den etwas größeren Abstand muss man den Kopf nicht so weit in den Nacken legen, um die hoch aufragenden Felsgipfel gegenüber zu bestaunen.

Von der Buchenrainalpe wandern wir auf der Teerstraße durch dichten Mischwald in weiten Kehren abwärts Richtung Birgsau. Am Ende des Abstiegs schließt sich ein erster Kreis, wir haben die Ebene von **Birgsau (2)** erreicht und bummeln gemütlich zurück zum Ausgangspunkt in **Faistenoy (1)**. (Wer sich die 3 km Fußmarsch sparen möchte bzw. eh mit ÖPNV unterwegs ist, kann von Birgsau auch per Bus zurückfahren.)

Einödsbach unterhalb von Trettachspitze und Mädelegabel.

Oberallgäu

24 Kleine Fellhorngrat-Runde

Zwischen Stillach- und Kleinwalsertal

Zwischen dem Kleinwalsertal im Westen und dem Stillachtal im Osten verläuft ein lang gezogener, hoher und sehr schmaler Wiesengrat, dessen höchste Erhebung vom Fellhorn, 2038 m, gebildet wird. Von unten wirkt dieser Kamm, dem die schroffen Felspartien und ein wirklich ins Auge fallender Gipfel fehlen, nicht besonders spektakulär. Dennoch ist das Fellhorn sicherlich der meistbesuchte Gipfel im Oberallgäu – und an vielen Tagen ziemlich überlaufen. Denn durch seine exponierte Lage zwischen den beiden Tälern bietet das Fellhorn und der gesamte Grat, der sich zwischen Kanzelwand und Söllereck erstreckt, einige der großartigsten Aussichten im gesamten Allgäu. Und da es von der Bergstation zum Gipfel nur ein Katzensprung ist, ist auch der Anteil der Nichtwanderer, die »nur mal eben für den Rundblick« hinauffahren, sehr hoch. Auf den Wanderer hingegen warten viele schöne Touren, u. a. die sehr populäre Gratwanderung hinunter zum Söllereck sowie die hier beschriebene, etwas leichtere Runde, auf der wir das Kernstück des herrlichen Kammwegs genießen können. Eine schöne Runde, die von allem etwas bietet: den aussichtsreichen Panoramaweg, einen Bergsee, zwei einladende Alphütten und weite Wiesen im Umfeld der Fellhornbahn.

Der Fellhorngipfel.

Oberallgäu

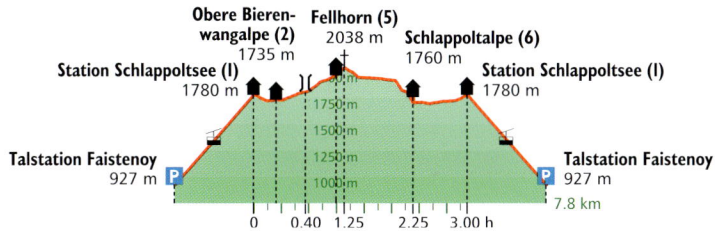

KURZINFO

Ausgangspunkt: Fellhornbahn (100-Pers.-Großkabinenbahn; Betriebszeiten Ende Mai–Ende Okt. 8.30–16.50 Uhr; Tel. +49 8322 9600-0, oder +49 8322 9600-2421 am Wochenende; Info-Tel. 0700 555 33888 aus D; www.ok-bergbahnen.de); Talstation Faistenoy, 927 m, Parkplatz, Bushaltestelle; Station Schlappoltsee 1780 m; Gipfelstation 1967 m.
Anfahrt: Aus Kempten kommend die B 19 Richtung Oberstdorf, dann rechts an Oberstdorf vorbei 9 km ins Stillachtal Richtung Fellhornbahn. Halbstündlich RVA-Busse Linie 9762 zwischen Oberstdorf (Bhf.) und Fellhornbahn bzw. Birgsau; Züge nach Oberstdorf aus Richtung Immenstadt etwa 1- bis 2-mal/Std. Navi: 87561 Oberstdorf, Faistenoy 10.
Gehzeit: 3.00 Std.
Distanz: 7,8 km.
Höhenunterschied: 400 m.
Anforderungen: Hochalpines Gelände. Von der Station Schlappoltsee zum Gundsattel oder zur Schlappoltalpe verlaufen angenehm zu wandernde Wege; der Kammweg zwischen Gundsattel und Fellhorn ist breit und einfach, das Teilstück vom Fellhorn bis zum Abzweig zur Schlappoltalpe ist sehr schmal, ausgesetzt und setzt unbedingt Trittsicherheit voraus. Besonders bei Nässe Vorsicht mit Kindern, denn es geht rechts und links sehr steil abwärts. Gratweg nicht bei nebel oder Schneeresten.
Einkehr: Bergrestaurant an der Mittelstation Schlappoltsee, 1780 m; Obere Bierenwangalpe, 1735 m; Gipfelrestaurant an der Fellhornbahn-Gipfelstation, 1967 m; Schlappoltalpe, 1760 m.
Kinder: Manchen Eltern mag der Kammweg etwas zu schmal und die Hänge zu steil für einen entspannten Wandertag sein. Dafür lässt sich am Schlappoltsee schön spielen, an der Station Schlappoltsee wartet ein Kinderspielplatz, und die Schlappoltalpe (30 Minuten ab Station Schlappoltsee, erreichbar auch mit Kinderwagen) lockt mit großem Tierbestand.
Winter: Geräumter Winterwanderweg von der Station Schlappoltsee hinüber zur Schlappoltalpe (ca. 2 km hin und zurück, kaum Steigung).
Tourist-Info: Tourismus Oberstdorf, Oberstdorf Haus, Prinzregenten-Platz 1, 87561 Oberstdorf, Tel. +49 8322 7000, www.oberstdorf.de.

Unsere Wanderung beginnt an der Station Schlappoltsee (1), knapp 250 m unterhalb des Gipfels. Wir halten uns südwärts in Richtung der hoch aufragenden Nordwände der Kanzelwand. Der angenehme Weg leitet uns durch offenes, von Alpenrosen durchsetztes Gelände hinüber zur rustikalen Oberen Bierenwangalpe (2). Diese weiten Hänge sind im Winter das meistbesuchte Skigebiet der gesamten Region. Wer Muße hat, kann auf den zahlreichen Lehrtafeln vieles über die Blumenpracht am Fellhorn erfahren.
Ein wenig später stoßen wir beim Gundsattel (3), 1808 m, auf den breiten Gratweg, der sich zwischen Kanzelwandbahn und Fellhorn erstreckt – und dank der Erschließung durch zwei Bahnen entsprechend voll ist. Mit prächtigem Rundblick –

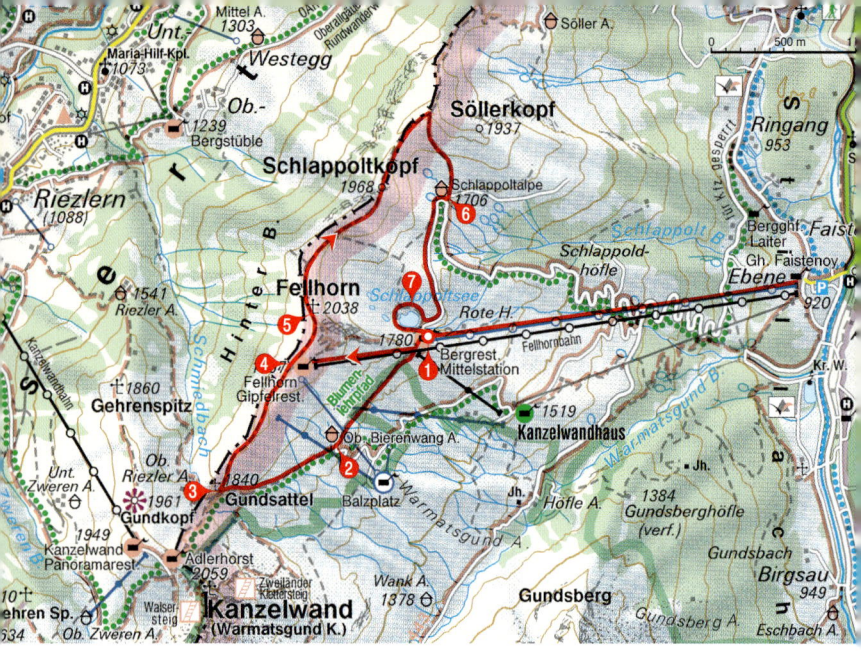

nach links in Richtung Kleinwalsertal und nach rechts in die Allgäuer Alpen jenseits des Stillachtales – steigen wir gemütlich zur **Fellhornbahn-Bergstation (4)**, 1967 m, auf. Von hier sind es nur noch wenige Meter hinauf zum Gipfel des **Fellhorn (5)**, 2038 m. Ein herrliches Panorama erwartet uns, ungehindert haben wir einen 360-Grad-Blick auf Kleinwalsertal und Allgäuer Hauptkamm. Im Norden windet sich der schmale Pfad auf dem ebenso schmalen Fellhorngrat dahin.

Unser Abstieg über den **Gratweg** Richtung Norden setzt etwas Trittsicherheit voraus; bei Nässe kann der Weg unangenehm rutschig sein, aber Seile geben an schwierigen Stellen Sicherheit. Nach knapp 30 Minuten – gegenüber dem etwas östlich des Grates gelegenen Söllerkopfes, einem sehr steilen Grasgipfel – erreichen wir einen Abzweig, 1925 m, an dem wir hinunter zur **Schlappoltalpe** steigen. Diese liegt am Rande einer weiten, nach Osten offenen Wanne. Im Zickzack geht es den steilen Wiesenhang hinab bis zur **Alphütte (6)**, der höchstgelegenen Sennalpe im Allgäu. Ohne Steigung gelangen wir von dort auf breitem Weg hinüber zum **Schlappoltsee (7)**, 1719 m, der zwar im Schatten der Seilbahnstation ein wenig von seinem Bergsee-Charakter eingebüßt hat, aber an dessen Ufer man wunderbar den Tag ausklingen lassen kann, bevor wir die letzten Meter hinauf zur **Seilbahnstation Schlappoltsee (1)** hinter uns bringen.

Variante: Wem diese Wanderung zu lang oder anstrengend ist, der fährt am besten gleich bis zur Gipfelstation und wandert entweder links- oder rechtsherum hinunter zum See und zur Station Schlappoltsee. Die südliche Variante über die Obere Bierenwangalpe ist leichter (und kindgerechter) als der Gratabschnitt zwischen Fellhorn und Söllerkopf, der etwas Trittsicherheit und Schwindelfreiheit voraussetzt.

Kleinwalsertal

Höhenweg vom Söllereck nach Riezlern

Spaziergang mit perfektem Panorama ★★★

Das Söllereck preist sich gerne als Familienberg an, was vor allem an dem umfangreichen Angebot mit Kletterwald, Spielplatz, Seilbahn, Sommerrodelbahn und Co. liegt. Und der fast immer gut gefüllte, große Parkplatz an der Talstation zeigt an, dass es recht belebt zugeht. Im Gegensatz zu seinen alpinen, ebenfalls per Seilbahn erreichbaren Nachbarn Fellhorn, Nebelhorn, Kanzelwand und Ifen spielt sich hier alles ein Stockwerk tiefer ab. Das namengebende – und letztlich als Aussichtsberg unbedeutende – Söllereck ist nur Hintergrundkulisse. Wanderer finden hier jedoch einen der schönsten und gleichzeitig einfachsten Panoramawege der Region: Von der Bergstation geht es fast ausschließlich bergab, über eine breite, ungemein aussichtsreiche und von offenen Wiesen bedeckte Hochebene hinüber nach Riezlern. Eine Wanderung für Genießer – die man unterwegs allerdings in größerer Zahl trifft.

Riezlern und der Hohe Ifen.

Kleinwalsertal

KURZINFO

Ausgangspunkt: Söllereckbahn (6er-Umlaufkabinenbahn; Betriebszeiten Mitte Mai bis Anfang Nov. 9–17 Uhr; Tel. +49 8322 98756; Info-Tel. 0700 555 34888 aus D; www.ok-bergbahnen.de); Talstation 1013 m, Parkplatz beidseitig der Straße, Bushaltestelle; Bergstation 1358 m.

Anfahrt: Aus Kempten kommend die B 19 Richtung Oberstdorf, dort ca. 4 km weiter Richtung Kleinwalsertal. Walserbus Linie 1 Oberstdorf (Bhf.) – Baad (Kleinwalsertal) im 10- bis 20-Min.-Takt, Bushaltestelle »Söllereckbahn«. Navi: 87561 Oberstdorf, Kornau Wanne 8.

Endpunkt: Riezlern Zentrum, 1088 m, Bushaltestelle »Riezlern Post«. Rückfahrt zum Startpunkt mit Walserbus Linie 1 Baad – Oberstdorf, alle 10 bis 20 Min.

Gehzeit: 1.45 Std.

Distanz: 5,1 km.

Höhenunterschied: 45 m Aufstieg, 320 m Abstieg.

Anforderungen: Breiter, angenehmer Weg, teilweise Spaziergangcharakter, am Ende geht es teilweise sehr steil hinab nach Riezlern. An schönen Tagen ziemlich überlaufen.

Einkehr: Berghaus Schönblick, 1358 m, an der Bergstation, 1-, 2- und Mehrbettzimmer, Tel. +49 8322 4030; Berghaus am Söller, 1370 m, bei der Bergstation, 34 Betten, Tel. +49 8322 3341; Schrattenwangalpe, 1403 m, bei der Bergstation; Mittelalpe, 1360 m; Bergstüble, 1225 m.

Kinder: Ein kurzer, leichter und gefahrloser Weg, auf dem die Kleinen auch schon mal vorweglaufen können. Spielplätze gibt es am Berghaus Schönblick und am Bergstüble. Und vor der Wanderung: An der Talstation gibt es eine »Sommerrodelbahn« (ganzjährig, 850 m lang) und einen Spielplatz. Der breite Panoramaweg nach Riezlern ist für (geländegängige) Kinderwagen geeignet.

Winter: Der gesamte Weg nach Riezlern wird im Winter geräumt.

Tourist-Info: Tourismus Oberstdorf, Oberstdorf Haus, Prinzregenten-Platz 1, 87561 Oberstdorf, Tel. +49 8322 7000, www.oberstdorf.de.

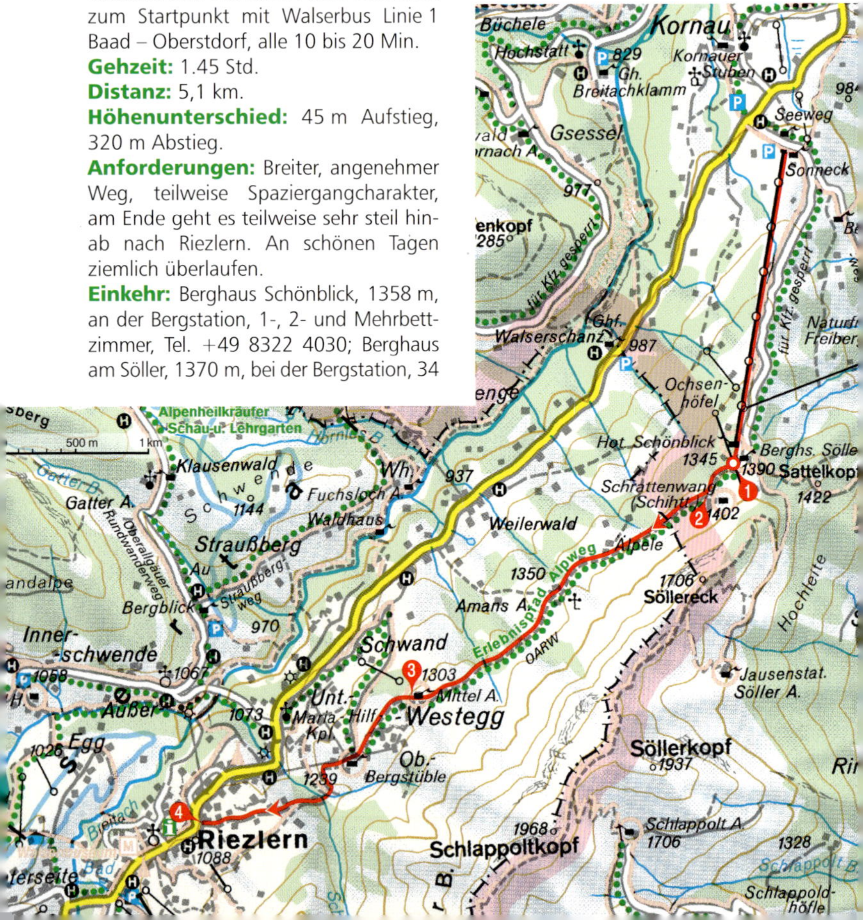

Der Hohe Ifen über dem Panoramaweg.

Die Bergstation (1) liegt am unteren Rand eines offenen und recht steilen Wiesenhangs, der uns den einzigen Anstieg dieser Tour abverlangt. Vorbei an den beiden Gasthäusern Schönblick und Am Söller wandern wir auf breitem Weg in wenigen Minuten hinauf zur Schrattenwangalpe (2), wo wir den höchsten Punkt der Wanderung, 1403 m, erreichen. Nun kann der gemütliche Spaziergang nach Riezlern beginnen.

Auf breitem, angenehm zu laufendem Schotterweg tauchen wir in einen kleinen Wald ein, der sich bald darauf – nachdem wir die Grenze nach Vorarlberg überschritten haben – wieder lichtet und einen wunderschönen Blick freigibt auf das vor uns liegende Kleinwalsertal. Weite, offene Wiesen erwarten uns, durch die sich der Weg schlängelt. Auf der gegenüberliegenden Talseite zieht der markante Hohe Ifen alle Blicke auf sich, flankiert vom spitzen Walmendinger Horn zur Linken sowie dem buckligen Gottesackerplateau und dem Massiv der Gottesackerwände zur Rechten.

Vorbei an der unbewirtschafteten Amans Alpe (mit kleiner Kapelle) bummeln wir genüsslich auf dem leicht abfallenden Weg zur Mittelalpe (3). Riezlern rückt immer mehr ins Blickfeld, und schließlich beginnt, mit dem prächtigen Panorama vor uns, der Abstieg ins Tal. In weiten Kehren, vorbei am urigen Bergstüble, geht es abwärts, mitunter sehr steil und etwas kniebelastend.

In einem engen und tief eingeschnittenen Tälchen verlassen wir an einer Spitzkehre den Hauptweg, halten uns links, überqueren einen kleinen Bach und wandern auf der anderen Seite schließlich durch schöne Wiesen hinunter zum Ort Riezlern (4). Von dort verkehren alle 20 Minuten Busse zurück in Richtung Söllereckbahn bzw. Oberstdorf.

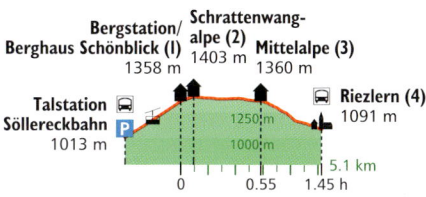

Kleinwalsertal

26 Ins Gemsteltal

Herrliches Tal im Schatten des Widderstein

Vom Haupttal des Kleinwalsertal, das durch die recht dichte Besiedlung, die unzähligen verstreut liegenden Gehöfte und die intensive Grünlandnutzung sehr gezähmt wirkt, zweigen eine Handvoll Nebentäler ab, die tief in die beeindruckende Bergwelt hineinführen und in weiten Teilen einen recht ursprünglichen Charakter aufweisen. Eines davon ist das schmale Gemsteltal, das sich südlich von Mittelberg zwischen die hoch aufragenden Gipfel von Widderstein und Geißhorn schiebt. Gemütliche Alphütten, offene Alpwiesen voller »glücklicher« Kühe, rauschende Bäche, spektakuläre Felswände und eine leicht hochalpine Note warten auf den Besucher dieses Tales.

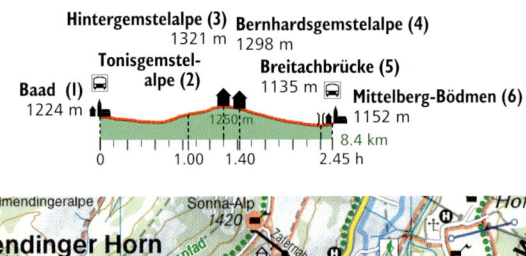

Einkehr an der Hintergemstelalpe.

KURZINFO

Ausgangspunkt: Baad, Parkplatz und Bushaltestelle am Ortseingang, 1224 m.
Anfahrt: Aus Kempten kommend die B 19 bis kurz vor Oberstdorf, etwa 20 km weiter ins Kleinwalsertal hinein bis nach Baad ganz am Talende. Walserbus Linie 1 zwischen Oberstdorf und Baad im 10- bis 20-Minuten-Takt, Haltestelle »Baad«. Navi: A-6993 Mittelberg-Baad.
Endpunkt: Mittelberg-Bödmen, Bushaltestelle »Bödmen«, 1152 m. Rückfahrt zum Startpunkt mit Walserbus Linie 1 Oberstdorf – Baad alle 10 bis 20 Min.
Gehzeit: 2.45 Std.
Distanz: 8,4 km.
Höhenunterschied: 175 m Aufstieg, 250 m Abstieg.
Anforderungen: Überwiegend breite, angenehm zu gehende Schotterwege. Ins Gemsteltal geht es mäßig steil bergauf.
Einkehr: Gemstel-Schönesboden-Alpe, 1298 m; Hintergemstelalpe, 1321 m; Bernhardsgemstelalpe, 1298 m.
Kinder: An der Breitach gibt es zahlreiche Stellen zum Spielen im und am Wasser; im Gemsteltal warten drei Alphütten, ein Bach, weite Alpflächen sowie kleine Spielplätze bei der Gemstel-Schönesboden- und der Hintergemstelalpe. Der Breitach-Uferweg ist Kinderwagentauglich, im Gemsteltal wird es manchen Buggy-Schiebern evtl. etwas zu steil sein.
Winter: Der Weg entlang der Breitach von Baad nach Bödmen ist im Winter begehbar. Das Gemsteltal selbst ist wegen Lawinengefahr im Winter gesperrt.
Tourist-Info: Kleinwalsertal Tourismus, Walserhaus, Walserstr. 264, A-6992 Hirschegg, Tel. +43 5517 51140, www.kleinwalsertal.com.

Wir starten ganz am Ende des Kleinwalsertals, im kleinen Ort Baad (1). Vom Kreisel (Bushaltestelle bzw. Parkplatz) aus gehen wir wenige Schritte entlang der Straße talauswärts und biegen dann rechts auf den Breitach-Uferweg ein. Ein leichter, angenehmer Weg erwartet uns, der uns unmerklich bergab entlang des rauschenden Flusses leitet. Bald

Im malerischen Gemsteltal.

öffnet sich das Tal etwas und inmitten der weiten Wiesen und Weiden tauchen die ersten Häuser von Mittelberg auf. Hier queren wir die Breitach und biegen nach Süden in Richtung Gemsteltal ein.

Es führen zwei Wege (beidseitig des Gemstelbaches) ins Tal hinein; wir wählen für den Hinweg den Linken und wechseln dafür nach etwa 500 m auf die gegenüberliegende Seite des Baches. Durch dichten Wald geht es allmählich aufwärts, bis sich bei der Tonisgemstelalpe (2), 1239 m (nicht bewirtschaftet), plötzlich das Tal weitet und den Blick freigibt auf eine herrliche Alplandschaft: offene Wiesen, ein paar Alphütten, und im Talschluss eine senkrechte Felswand sowie rechts über uns die schroffen Dolomitwände des Widderstein. Wir wandern weiter taleinwärts und kommen nach etwa 15 Minuten an der Gemstel-Schönesboden-Alpe vorbei (etwas links oberhalb des Weges), dann überqueren wir erneut den Gemstelbach und wandern auf der anderen Seite in wenigen Minuten hinauf zur Hintergemstelalpe (3). Hier verabschieden sich die Gipfelaspiranten von uns Talwanderern, denn direkt hinter der Hütte wird das Gelände steiler und alpiner und der Weg zieht sich hinauf Richtung Gemstelpass und Widdersteinhütte. Wir genießen die schöne Szenerie von der Sonnenterrasse, ehe wir den Rückweg antreten.

Genüsslich wandern wir talauswärts, bleiben diesmal aber auf der westlichen Bachseite, passieren die Bernhardsgemstelalpe (4) und tauchen am Ende der Almwiesen-Ebene wieder in den Wald ein. Nach etwa 10 Minuten, kurz bevor sich das Tal öffnet, überqueren wir – auf der vom Hinweg bekannten Brücke – wieder den Gemstelbach und laufen an seinem rechten Ufer weiter, bis wir nach rund 500 m auf die Breitach treffen.

Auf einem schönen Waldweg direkt am klaren Wasser entlang wandern wir gemütlich flussabwärts, bis wir auf eine größere Brücke (5) stoßen. Dort links über die Breitach und in wenigen Minuten an der Straße entlang hinauf zur Hauptstraße mit der Bushaltestelle Bödmen (6); von hier fährt der »Walserbus« alle 20 Min. zurück nach Baad.

Kleinwalsertal

Schwarzwassertal und Schwarzwasserhütte 27

Vielseitige Talwanderung unter dem Hohen Ifen ★★

Das größte Nebental des Kleinwalsertales ist das Schwarzwassertal, das sich zwischen dem lang gezogenen Kamm der Ochsenhofer Köpfe und dem Hohen Ifen Richtung Westen erstreckt. Nur einen Katzensprung vom dicht besiedelten Haupttal entfernt, aber doch sehr viel wilder und ursprünglicher. Das Tal wird von zwei völlig unterschiedlichen Bergtypen eingerahmt: Im Süden der lang gestreckte Kamm der Ochsenhofer Köpfe und das Walmendinger Horn, grüne, grasbewachsene Flyschberge, von tiefen Erosionsrinnen durchzogen. Und auf der Nordseite, hoch über uns, die markante Kalkplatte des Hohen Ifen, die sich uns erst im Verlauf der Tour in ihrer ganzen Ausdehnung präsentiert. Von den imposanten Felswänden haben allerdings schon einige Teile den Weg ins Tal gefunden, wie wir beim Durchwandern eines gewaltigen Bergsturzgebiets hautnah erleben können. Oben, bei der Schwarzwasserhütte, erwartet den Wanderer eine wunderschöne Hochfläche.

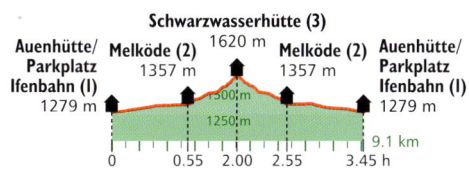

Der Hohe Ifen und die Schwarzwasserhütte.

KURZINFO

Ausgangspunkt: Talstation des Ifen-Liftes bei der Auenhütte, 1279 m, Parkplatz und Bushaltestelle.
Anfahrt: Von Kempten kommend die B 19 bis kurz vor Oberstdorf, etwa 12 km weiter ins Kleinwalsertal hinein bis nach Riezlern, hinter der großen Breitachbrücke rechts weitere 5 km Richtung Ifen. Walserbus Linie 1 zwischen Oberstdorf und Baad im 10- bis 20-Minuten-Takt; in Riezlern (Haltestelle »Post« oder »Breitachbrücke«) umsteigen, ab dort mit Linie 5 halbstündlich zum Ifen-Lift. Navi: A-6992 Hirschegg, Auenalpe 4.
Gehzeit: 3.45 Std.
Distanz: 9,1 km.
Höhenunterschied: 345 m.
Anforderungen: Bis zur Melköde meist ein breiter Wirtschaftsweg, kaum Steigung, dann geht es auf guten Bergwegen teilweise etwas steiler hinauf zur Schwarzwasserhütte.

Einkehr: Auenhütte, 1279 m, am Parkplatz; Melködealpe, 1357 m; Schwarzwasserhütte, 1620 m, DAV-Hütte, 41 Zimmerlager, 30 Matratzenlager, Tel. +43 5517 30210.
Kinder: Ein weitgehend leichter Weg: Auf dem ebenen Weg bis zur Melköde gibt es unterwegs zahlreiche Infotafeln, die für Abwechslung sorgen. Und nach einem (nicht allzu anstrengenden) Anstieg durch Moore und entlang eines Baches wartet die Schwarzwasserhütte in schöner Aussichtsbalkonlage. Bis zur Melköde ist der breite und meist völlig ebene Weg kinderwagengeeignet, dahinter ist aber Schluss.
Winter: Der gesamte Weg bis zur Schwarzwasserhütte wird im Winter präpariert. Die Hütte selbst ist im Winter von Weihnachten bis ca. Mitte März geöffnet.
Tourist-Info: Kleinwalsertal Tourismus, Walserhaus, Walserstr. 264, A-6992 Hirschegg, Tel. +43 5517 51140, www.kleinwalsertal.com.

Kleinwalsertal

Vom Parkplatz an der Auenhütte (1) folgen wir dem breiten Weg über eine kleine Erhebung ins Schwarzwassertal hinein. Entlang des Weges finden sich immer wieder Infotafeln, die uns Wissenswertes über die Umgebung verraten.

Plötzlich ändert sich das »aufgeräumte« Bild des Talbodens und wir tauchen ein in eine wunderbar wilde Tallandschaft: Mächtige Felsbrocken in Einfamilienhaus-Format, von dichtem Moos und uralten Fichten bedeckt, ein urtümliches Durcheinander, durch das sich der Weg hindurchschlängelt; Überreste eines gewaltigen, prähistorischen Bergsturzes, der einen Teil des Hohen Ifens ins Tal befördert hat. Kurz danach erreichen wir die tischebene Aue der Melköde, die aus einem längst verlandeten See hervorgegangen ist. Ein Wirtschaftsweg entlang dieser Ebene bringt uns schließlich zur Melködealpe (2). Hier beginnt der Aufstieg zur Schwarzwasserhütte.

Wenige Minuten oberhalb der Melködealpe liegt – etwas versteckt direkt neben dem Weg – ein hübscher Wasserfall, danach verläuft der Weg entlang eines kleinen Baches, durch offene Wiesen, kleine Hochmoore und Baumgruppen hindurch, ehe uns einige letzte Serpentinen hinauf zur Schwarzwasserhütte (3) bringen. Diese liegt am unteren Rand einer wunderschönen Hochebene, die im Süden und im Westen von den grasüberzogenen Gipfeln von Grünhorn und Steinmandl eingerahmt wird. Und im Norden zeigt sich nun auch der Hohe Ifen in seiner ganzen Pracht.

Zurück geht es schließlich auf demselben Weg zum Parkplatz Auenhütte (1).

Wasserfall oberhalb der Melködealpe.

Kleinwalsertal

28 Höhenweg von Hirschegg nach Baad

Auf leichten Wegen ans Ende des Kleinwalsertals ★

Nachdem die Betreiber des Heuberg-Sessellifts neben den Skifahrern auch die Sommertouristen als Zielgruppe entdeckt haben, können wir ohne größere Anstrengung auf einem wunderschönen Panoramaweg hinüber zum kleinen Ort Baad ganz am südwestlichen Ende des Kleinwalsertales wandern. Ein breiter Weg, der uns auf etwa 1400 Meter Höhe mit ständig wechselnden Ausblicken auf die sich gegenüber präsentierenden Gipfel von Schafalpenköpfen, Zwölfer und Widderstein bis zum beeindruckenden Talschluss des Kleinwalsertales bringt.

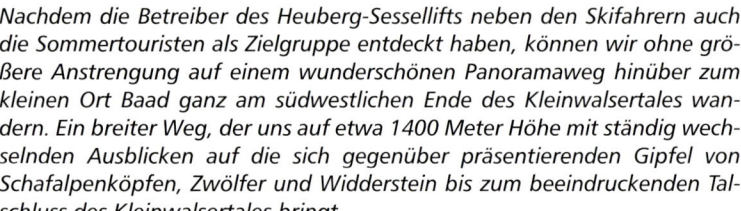

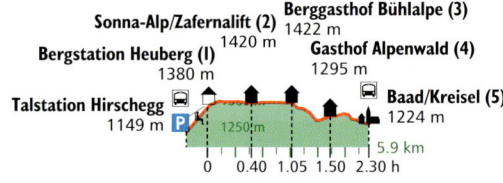

Der kleine Ort Baad im hinteren Kleinwalsertal.

KURZINFO

Ausgangspunkt: Hirschegg, Heubergbahn (4er-Sessellift; Betriebszeiten Mitte Juni–Ende Okt. 9–17 Uhr; Tel. +43 5517 5056, www.heuberg-arena.at); Talstation 1149 m, Parkplatz und Bushaltestelle; Bergstation 1380 m.
Anfahrt: Von Kempten kommend die B 19 bis kurz vor Oberstdorf, weiter etwa 14 km ins Kleinwalsertal bis Hirschegg. Hinter dem Walserhaus (Tourist-Info, großes Veranstaltungszentrum) rechts hinauf zum Parkplatz. Walserbus Linie 1 zwischen Oberstdorf und Baad im 10- bis 20-Minuten-Takt, Haltestelle »Walserhaus«, von dort Fußweg zur Bergbahn. Navi: A-6992 Hirschegg, Walserstraße 262.
Endpunkt: Baad, 1224 m, Bushaltestelle »Baad«. Rückfahrt zum Ausgangspunkt mit Walserbus Linie 1 Baad – Oberstdorf alle 20 Min.
Gehzeit: 2.30 Std.
Distanz: 5,9 km.
Höhenunterschied: 140 m Aufstieg, 300 m Abstieg.
Anforderungen: Der Höhenweg zwischen Heuberg-Bergstation und Bühlalpe verläuft fast steigungslos auf einem breiten, geschotterten Wirtschaftsweg, der weitere Weg nach Baad ist meist geteert mit einigen sehr steilen Abstiegen.
Einkehr: Sonna-Alp, 1420 m, an der Bergstation des Zafernaliftes; Berggasthof Bühlalpe, 1422 m; Gasthof Café Alpenwald, 1295 m.
Kinder: Leichte Wanderung, aber für Kinder evtl. etwas zu langweilig; immerhin gibt es zwei Alphütten unterwegs. Mit dem Kinderwagen ist die gesamte Tour sicherlich machbar, aber beim steilen Abstieg hinter der Bühlalpe benötigt man gute Bremsen oder starke Oberarme. Alternativ kann man mit Kindern auch eine etwas kürzere Tour wählen: Auffahrt mit dem Zaferna-Sessellift und über die Bühlalpe und den Erlenboden zurück zur Zaferna-Talstation (Lift-Betriebszeiten Juni–Okt. 9–16.30 Uhr; Tel. +43 5517 323832, www.zafernalift.at).
Winter: Von der Bergstation des Heubergsesselliftes wird der gesamte Weg über die Bergstation des Zafernaliftes bis nach Baad präpariert (bei starken Schneefällen und Lawinensperrungen ist der Weg manchmal geschlossen).
Tourist-Info: Kleinwalsertal Tourismus, Walserhaus, Walserstr. 264, A-6992 Hirschegg, Tel. +43 5517 51140, www.kleinwalsertal.com.

Ausblick vom Panoramaweg nach Südosten in den Talschluss des Wildentals

Dank des Heuberg-Sesselliftes haben wir auf dieser Tour kaum größere Steigungen zu bewältigen und können ganz entspannt die schönen Ausblicke genießen. Gleich bei der **Bergstation (1)** beginnt der breite Wirtschaftsweg, der mehr oder weniger auf der 1400-Meter-Höhenlinie am locker bewaldeten Hang südwärts führt. An einer Weggabelung nach 400 m halten wir uns links und wandern in etwa 30 Minuten hinüber zur **Sonna-Alp** an der Bergstation des **Zafernaliftes (2)** am oberen Rand eines steilen Wiesenhanges. Eine herrliche Aussicht erwartet uns: Unten im Tal breitet sich der Ort Mittelberg aus, und genau gegenüber schiebt sich das Wildental in die hohen Berge hinein, überragt vom Schüsser und den markanten Dolomitgipfeln der Schafalpenköpfe, über deren Gipfel der Mindelheimer Klettersteig verläuft.

Der weitere Weg bleibt breit und angenehm, führt weitgehend eben am steilen Hang entlang und gewährt uns immer wieder schöne Ausblicke ins hintere Kleinwalsertal. Bald haben wir die **Bühlalpe (3)** inmitten weiter Wiesen erreicht. Das

überragt von den drei Schafalpenköpfen.

Kleinwalsertal biegt hier allmählich westwärts ein, sodass sich auch unser Blickfeld um Widderstein, Zwölfer und Gemsteltal auf der gegenüberliegenden Talseite erweitert.
Direkt an der Hütte beginnt der Abstieg hinunter Richtung Erlenboden. Teilweise extrem steil zieht sich der Weg durch Wald und Wiesen den Hang hinab, bis wir bei einem **Bauernhof**, 1272 m, einen breiten Fahrweg erreichen, auf dem wir uns rechts halten. Auf dem sonnigen Höhenweg wandern wir leicht ansteigend Richtung Baad und passieren das **Café Alpenwald (4)**.

Kurz darauf beginnt unser Abstieg nach Baad: durch ein kleines Waldstück hindurch, dann öffnet sich das Gelände und wir stehen am oberen Rand eines weiten Wiesenhanges oberhalb des Ortes. Dahinter breitet sich, wie in einem Amphitheater, der imposante Talschluss des Kleinwalsertales aus, mit den steilen, grasüberzogenen Flyschgipfeln von Unspitz, Güntlespitze und Co. Vorbei an der schmucken Kirche St. Martin erreichen wir auf der steilen Hauptstraße des kleinen Ortes **Baad** die Bushaltestelle am **Kreisel (5)**; von hier Bus zurück nach Hirschegg.

Kleinwalsertal

29 ▶ Breitach und Breitachklamm

Rauschende Wasser und tiefe Schluchten

Viele Täler treffen bei Oberstdorf zusammen, und das größte davon ist das Kleinwalsertal mit der Breitach, die wir auf dieser Tour aus nächster Nähe erleben werden. Riezlern ist der Hauptort des Tales, fest in Touristenhand und der Ausgangspunkt unserer heutigen Wanderung. Millionenfach besucht und bestaunt ist die Breitachklamm, eines der Naturwunder des Allgäus und des Kleinwalsertales. Ein beeindruckendes Erlebnis, wie sich die Wassermassen wild schäumend ihren Weg durch die teilweise nur wenige Meter enge und von über 100 Meter hohen Felswänden überragte Schlucht bahnen. Auf dieser Wanderung folgen wir dem Wasser flussabwärts, wandern gemütlich von Riezlern durch das tiefe, bewaldete Tal, das die Breitach durch das Kleinwalsertal geschnitten hat und nähern uns ganz allmählich der Klamm. Und zum krönenden Abschluss zwängen wir uns zusammen mit dem Fluss durch die enge Felsbarriere am Ausgang des Kleinwalsertales.

KURZINFO

Ausgangspunkt: Riezlern, 1087 m, beim Ortseingang in der Nähe des Campingplatzes Jochum.
Anfahrt: Von Kempten kommend die B 19 bis kurz vor Oberstdorf, etwa 11 km weiter ins Kleinwalsertal hinein bis nach Riezlern. Der dem Startpunkt nächstgelegene Parkplatz ist »P2«, kurz vor der Kirche rechts, bzw. die beiden Kanzelwand-Parkplätze. Mit dem Bus ist es etwas näher: Bushaltestelle »Außerriezlern« am Ortsbeginn beim Campingplatz; Walserbus Linie 1 auf der Hauptstrecke im Kleinwalsertal zwischen Oberstdorf und Baad im 10- bis 20-Minuten-Takt. Navi: A-6991 Riezlern, Alte Schwendestraße.
Endpunkt: Breitachklamm, unterer Haupteingang, 830 m, Bushaltestelle »Breitachklamm«. Rückfahrt zum Ausgangspunkt: Etwa stündlich fahren Busse nach Oberstdorf, dort umsteigen in den Walserbus Linie 1 Oberstdorf – Baad, alle 10 bis 20 Minuten.
Gehzeit: 2.30 Std.
Distanz: 7,4 km.
Höhenunterschied: 100 m Aufstieg, 340 m Abstieg.
Anforderungen: Der Breitach-Uferweg ist überwiegend breit und leicht zu begehen, mit einigen Steigungen zwischendurch, wenn der Weg kurz das Ufer verlässt. In der Breitachklamm enge, teils in den Fels gehauene Wege, teils sehr niedrig, einige steile und durch Grus rutschige Passagen, oft nass durch Tropfwasser (auch bei trockenem Wetter). Gutes Schuhwerk erforderlich.
Einkehr: Waldhaus, 958 m; Gasthof Breitachklamm, 830 m, am Parkplatz am unteren Klammausgang.
Kinder: Die haushohen Felswände in der engen Klamm und das rauschende Wasser sind sicher ein Erlebnis, und der Weg dorthin führt fast immer direkt an der Breitach entlang. Kurz vor der Klamm gibt es schöne, breite Kies-Uferbereiche zum Picknicken und Spielen sowie ein gewaltiges Feld mit Steinmännchen zum Bestaunen – und natürlich zum Nachbauen (s. Bild S. 104). Der Weg an der Breitach zwischen Riezlern und Walserschanze ist für geländegängige Kinderwagen geeignet; in der Klamm ist es allerdings dafür zu eng.
Winter: Ein Großteil des Weges ist auch im Winter begehbar; der Breitach-Uferweg wird ab Waldhaus bis zur Walserschanze präpariert, die Klamm selbst ist fast den gesamten Winter über geöffnet und beeindruckt mit ihren Eisgebilden.
Hinweis: Wer nur die Klamm besuchen

Kleinwalsertal

will, macht das am besten vom Parkplatz am unteren Ende bei Tiefenbach oder startet die Tour an der Walserschanze.
Tourist-Info: Kleinwalsertal Tourismus, Walserhaus, Walserstr. 264, A-6992 Hirschegg, Tel. +43 5517 51140, www.kleinwalsertal.com.

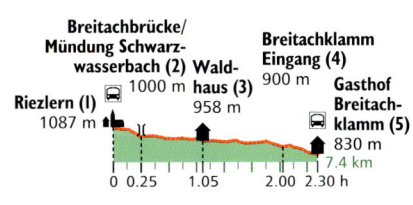

Kleinwalsertal

Der eigentliche Weg beginnt unten an der Breitach unterhalb der hohen Brücke nach Schwende. Wer mit dem Auto angereist ist, geht von den unter »Ausgangspunkt« beschriebenen Parkplätzen die Hauptstraße wieder talauswärts zurück, kurz vor der kleinen Tankstelle links in den Fellhornweg und an einigen Häusern und durch Wiesen hinunter zur Breitach. Busnutzer steigen an der Haltestelle Außerriezlern aus. Gleich an der Bushaltestelle (1) biegen wir in die dortige Straße ein, nach 150 m rechts in den Fellhornweg und hinab zur Breitach. Den Fluss queren wir auf einer kleinen Brücke (2) bei der Mündung des Schwarzwasserbaches in die Breitach, um auf der gegenüberliegenden Seite nach wenigen Metern rechts die Straße zu verlassen und in einen schmalen Weg einzubiegen.

Hier beginnt unsere eigentliche Wanderung. Hoch über uns spannt sich eine Autobrücke über das Tal, das sich hier dank eines felsigen Kalksockels etwas verengt. Eine Art »Miniklamm« erwartet uns als Vorgeschmack auf den Höhepunkt der Tour. Hinter der Klamm öffnet sich das Tal etwas, ein breiter Schotterweg führt direkt am Ufer entlang, und der Fluss rauscht gemütlich neben uns her.

Angesichts des stark zersiedelten Kleinwalsertales mit seinen kleinen Orten, zahllosen Gehöften und Bauernhäusern wirkt dieses Tal erstaunlich abgeschieden. Grund dafür ist das weiche Gestein, in das sich die Breitach tief eingegraben hat. Fast 100 Höhenmeter liegen zwischen dem Fluss und den offenen Wiesen und Weiden »oben«, und die steilen, dicht bewaldeten Talhänge dazwischen haben sich sowohl jeder Besiedlung als auch landwirtschaftlichen Nutzung entzogen. Man wandert also förmlich in einem schmalen, weitgehend naturbelassenen Streifen einige Stockwerke unterhalb der genutzten Kulturlandschaft talwärts und bekommt vom Trubel und dem dichten Verkehr oben so gut wie nichts mit.

Eine knappe Stunde nach unserem Start erreichen wir das direkt am Fluss gelegene Waldhaus (3), hinter dem sich der Weg manchmal etwas

»Stoamandln« am Breitachufer.

vom Wasser entfernt, überwiegend aber direkt am Ufer verläuft. Bald tauchen rechts breite Kiesbänke auf mit unzähligen Steinmännchen, vom simplen Doppeldecker bis hin zu meterhohen Stelen, für die die Gesetze der Schwerkraft nicht zu gelten scheinen. Eine fast surreale Szenerie, und wohl fast jeder fühlt sich herausgefordert, zumindest ein kleines Kunstwerk hinzuzufügen.

Plötzlich erblicken wir die ersten Felswände, die Breitach nimmt Fahrt auf und der Uferweg endet. Ab hier ist kein Platz mehr zwischen Wasser und Wand. Ein Metallsteg klebt an der senkrechten Felswand, die Breitach zwängt sich durch ein enges Felsentor, es folgt eine Brücke über den Fluss und dann beginnt der spektakuläre Teil der Tour: Die eigentliche Klamm beginnt zwar erst einige Hundert Meter weiter, aber auch der direkt vor uns liegende Abschnitt ist atemberaubend. In die senkrechten, hoch aufragenden Wände ist der Weg hineingeschlagen (wer über 1,50 m groß ist, könnte eventuell Halswirbelsäulen-Probleme bekommen), und links unten rauscht das klare Wasser.

Schließlich erreichen wir den Klammeingang (4), wo wir die Eintrittskarten lösen; gegenüber sind die Spuren eines alten Bergsturzes zu sehen. Die Felsen rücken immer näher, der Himmel ist mitunter kaum mehr zu sehen, unten rauscht und brodelt es, von oben tropft es, und fast kann man die gegenüberliegende Felswand berühren. Schlichtweg berauschend!

Am unteren Ende der Klamm wird alles wieder etwas ruhiger, die Breitach fließt friedlich durch ihr bewaldetes Tal und wir erreichen nach einer Weile den großen Parkplatz am unteren Klammausgang (5).

In der wilden Breitachklamm.

Variante: Ab hier gibt es nun diverse Möglichkeiten, je nachdem, wohin man zurückmöchte: Am bequemsten ist es sicher, per Bus zurückzufahren (s. Kurzinfo). Wer gerade den Bus verpasst hat und keine ganze Stunde warten oder einfach noch etwas weiterlaufen möchte, dem ist Folgendes zu empfehlen: Vom Parkplatz am linken Breitachufer auf leichtem Weg flussabwärts bis zu einer Fußgängerbrücke. Auf der anderen Flussseite an einer Gabelung links (»Reute«), kurz aber steil einen hübschen Waldweg hinauf und anschließend durch Wiesen bis zum Hotel Oberstdorf an der Straße Oberstdorf – Kleinwalsertal. Direkt am Hotel gibt es eine Bushaltestelle (alle 20 Min. Busse Richtung Oberstdorf bzw. Riezlern; Gehzeit Klamm-Parkplatz – Reute ca. 1 Std.).

Tannheimer Tal

30 Auf den Schönkahler

Unscheinbarer Berg mit großer Aussicht ★★

Angesichts der vielen spektakulären Gipfel im Tannheimer Tal hat der Schönkahler einen etwas schweren Stand. Ein lang gezogener Rücken ohne jegliche alpinistische Finesse, aus dem Tal eher langweilig, sofern man ihn denn überhaupt wahrnimmt. Sein Name deutet jedoch darauf hin, dass sich eine Wanderung hinauf durchaus lohnt. Denn der Weg verläuft auf fast der gesamten Länge über offene Wiesen, die seinen breiten Kamm überziehen und von dem sich wunderbare Ausblicke auf die Allgäuer und Tannheimer Berge bieten. Und während auf vielen Touren im Tannheimer Tal mitunter doch etwas zu viel Trubel herrscht, findet der Wanderer hier oben noch Ruhe und Einsamkeit.

KURZINFO

Ausgangspunkt: Zöblen, Berghotel Zugspitzblick, 1290 m, oberhalb des Ortes, Parkplatz; Bushaltestelle im Ort.

Anfahrt: Zöblen liegt am westlichen Ende des Tannheimer Tales zwischen Tannheim und Oberjoch. Von Pfronten durch das Engetal, von Oberstdorf/Sonthofen via Oberjoch und von Kempten über die A 7 Ausfahrt Oy-Mittelberg über Wertach und Oberjoch. Am westlichen Ortsrand beginnt die steile Serpentinenstraße hinauf zum Berghotel »Zugspitzblick«. VVT-Bus Linie 4262 Reutte – Oberjoch ca. alle 60 bis 90 Min., Bushaltestelle »Zöblen Gemeindeamt« unten im Ortszentrum. Navi: A-6677 Zöblen, Zöblen 42a.

Gehzeit: 3.30 Std.
Distanz: 8,7 km.
Höhenunterschied: 480 m.
Anforderungen: Im unteren Bereich breite Forstwege, sonst überwiegend schmale Trampelpfade über offene Wiesenflächen.
Einkehr: Unterwegs keine Möglichkeit; am Ausgangspunkt Berghotel Zugspitzblick, 1290 m.
Kinder: Der Schönkahler mit seinen weiten Wiesen und dem breiten Kamm ist sicherlich einer der »ungefährlichsten« Berge, die man mit Kindern besteigen kann, aber vermutlich auch etwas langweilig mangels Abwechslung in Form von Gewässern, Almhütten o. ä. Mit dem Kinderwagen ist die Tour nicht machbar.
Tourist-Info: Tourismusverband Tannheimer Tal, Oberhöfen 110, A-6675 Tannheim, Tel +43 5675 62200, www.tannheimertal.com.

Das Hotel Zugspitzblick, überragt von Rohnenspitze, Ponten und Bschießer.

Bevor wir aufbrechen, lohnt es sich, kurz zur kleinen Kapelle oberhalb des Berghotels Zugspitzblick (1) hinaufzusteigen, von wo sich uns ein schöner Blick über das Tannheimer Tal in seiner ganzen Länge bietet.

Die Wanderung beginnt auf einem breiten Schotterweg, der sich in zwei weiten Kehren leicht ansteigend durch Wiesen und Wald zieht.

An einem Abzweig am oberen Waldrand halten wir uns rechts, um keine 100 m später den Schotterweg zu verlassen und links auf kaum sichtbarem Pfad den Wiesenhang Richtung Schönkahler hinaufzusteigen. Es geht über einen Buckel und auf der anderen Seite gleich wieder hinunter. Vor uns breitet sich eine idyllische Moor- und Wiesenlandschaft aus mit dem lang gestreckten Südhang des Pirschling direkt gegenüber. Der schmale Pfad zieht sich durch die Wiesen hinauf bis auf den Gipfel des Pirschling (2), von dem wir eine wunderschöne Rundumsicht genießen: im Osten die auffälligen Felsgipfel von Aggenstein und Einstein, in unserem Rücken die lange Gipfelkette mit dem Trio Rohnenspitze, Ponten und Bschießer sowie dem markanten Gaishorn, im Westen der etwas niedrigere Hirschberggipfel und das Illertal in der Ferne.

Vor uns erstreckt sich ein breiter Wiesenrücken, auf dem wir genüsslich hinüber zum Gipfel des Schönkahler (3), 1688 m, wandern. Ein hübsches Plätzchen, meist sehr einsam und mit einem herrlichen Panorama, das bis weit über die Ostallgäuer Seenplatte reicht.

Zurück geht es zunächst auf dem Hinweg, dann mit einem kleinen (alternativen) Schlenker: Nach dem langen Abstieg vom Pirschling, und bevor es den kleinen Hügel vom Hinweg hinaufgeht, halten wir uns an der tiefsten Stelle der Wiese rechts und folgen einem Trampelpfad, der sich hangaufwärts und dann durch ein hübsches Hochmoor windet. Nach wenigen Minuten treffen wir auf einen Forstweg, wo wir uns links halten und bald auf den vom Hinweg bekannten Schotterweg treffen. Auf diesem wandern wir gemütlich bergab zum Berghotel (1).

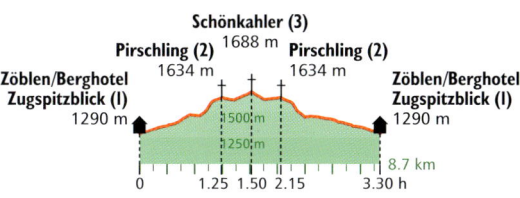

31 ▸ Panoramaweg durchs Tannheimer Tal

Talwanderung von Zöblen zum Haldensee ★★

Der brettebene und außerhalb der Orte intensiv landwirtschaftlich genutzte Boden des Tannheimer Tales geht auf seiner Nordseite in steile Wiesenhänge über, durch die ein wunderschöner, sonniger Panoramaweg verläuft. Mit nur geringem Auf und Ab gelangt man so auf breiten Wegen von Zöblen am westlichen Talende über Grän bis zum herrlichen Haldensee, immer die Allgäuer Alpen auf der gegenüberliegenden Talseite sowie die markanten Tannheimer Berge im Osten vor Augen. Den Abschluss dieser gemütlichen Tour bildet der tiefblaue Haldensee, an dessen Ufer man einen schönen Tag ausklingen lassen und ohne Eile die Abfahrt des Busses zurück zum Ausgangspunkt abwarten kann.

KURZINFO

Ausgangspunkt: Zöblen, 1179 m, westlicher Ortsrand, Parkplatz und Bushaltestelle.
Anfahrt: Zöblen liegt am westlichen Ende des Tannheimer Tales zwischen Tannheim und Oberjoch. Von Pfronten durch das Engetal, von Oberstdorf/Sonthofen via Oberjoch und von Kempten über die A 7 Ausfahrt Oy-Mittelberg über Wertach und Oberjoch. VVT-Bus Linie 4262 Reutte – Oberjoch ca. alle 60 bis 90 Min., Bushaltestelle »Zöblen Gemeindeamt«. Von Pfronten gelangt man mit dem »Tälerbus« im 2-Stunden-Takt nach Tannheim. Navi: A-6671 Zöblen, Zöblen 30.
Endpunkt: Haller, 1134 m, am Ostufer des Haldensee, Bushaltestelle »Nesselwängle Haller«, Rückfahrt zum Ausgangspunkt mit Bus Linie 4262 Reutte – Oberjoch ca. alle 60 bis 90 Min.
Gehzeit: 4.00 Std.

Der Aggenstein über den Wiesen bei Grän.

Tannheimer Tal

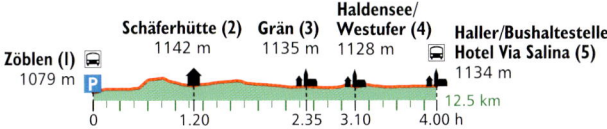

Distanz: 12,5 km.
Höhenunterschied: 260 m Aufstieg, 205 m Abstieg.
Anforderungen: Breite, einfache Wege, überwiegend geteert, teils Schotter. Nur wenige Anstiege.
Einkehr: Schäferhütte, 1142 m; Restaurants in Grän, Haldensee und Haller.
Kinder: Eine leichte Tour mit wenigen Anstiegen, aber vielleicht für Kinder etwas zu lang(weilig). Alternativ bietet sich eine kürzere Runde um den Haldensee an (mit Bademöglichkeit und Tretbootverleih). Die gesamte Tour ist wegen einiger steiler Anstiege und ihrer Länge nur bedingt kinderwagentauglich. Leicht ist dagegen die Haldensee-Umrundung.
Bademöglichkeit: Am Westufer des Haldensees gibt es ein Strandbad (mit Tretbootverleih, Rutsche etc.) und am Ostufer eine kleine Badewiese mit Wasserzugang.
Winter: Der Höhenweg wird nicht vollständig geräumt, aber zwischen Zöblen, Tannheim und Grän bis nach Haller am Haldensee wird auf dem flachen Talboden ein Winterwanderweg präpariert. Eine Umrundung des Haldensees ist allerdings nicht möglich, da auf seiner Südseite eine Loipe verläuft.
Hinweis: Da der Bus von Haller zurück nach Zöblen auch durch Grän und den Ort Haldensee fährt, lässt sich die Tour problemlos verkürzen.
Tourist-Info: Tourismusverband Tannheimer Tal, Oberhöfen 110, A-6675 Tannheim, Tel +43 5675 62200, www.tannheimertal.com.

Vom Parkplatz am westlichen Ortsanfang von Zöblen (1) folgen wir der ansteigenden Straße Richtung »Gasthof Zugspitzblick« und verlassen diese nach etwa 300 m wieder (rechts dem Wegweiser mit dem etwas unspezifischen Hinweis »Rundwanderweg« folgend). Ein schmaler Teerweg erwartet uns, der sich den steilen Wiesenhang entlangzieht, knapp 50 Höhenmeter über dem Talboden, gerade weit genug entfernt, um den meist recht starken Verkehr nicht mehr als störend zu empfinden. Vor uns breitet sich das schöne Tannheimer Tal in fast seiner gesamten Länge aus, mit dem Gimpel und den anderen markanten Kalkgipfeln als zentralem Blickfang. In Kienzerle geht es vor dem Campingplatz links (nicht nach rechts, wie uns seltsamerweise der Wegweiser weismachen will!), an einem Bach entlang aufwärts und in vielen Serpentinen durch Wald rund 100 Höhenmeter hinauf. Oben auf ca. 1200 m ü. NN angekommen, genießen wir die Aussicht auf die gegenüberliegenden Berge, ehe uns ein breiter, angenehmer Weg aussichtsreich durch Wiesen und lichten Wald ostwärts leitet. Wir queren eine Teerstraße (wo es links zum Einstein hinaufgeht), passieren die Schäferhütte (2) oberhalb des kleinen Ortes Berg und biegen in den »Höhenweg Grän« ein, der wunderschön oberhalb des Talbodens durch weite, sonnige Wiesen verläuft. Allmählich weitet sich das Tal, bunte Blumenwiesen breiten sich beidseitig aus, vor uns recken sich Gimpel und Rote Flüh in den Himmel, rechts im Hintergrund erhebt sich die Krinnenspitze und links rückt der Aggenstein ins Bild. Viele Wege verlaufen kreuz und quer durch diese güne Ebene; wir halten uns immer an die Wegweiser nach Grän, dessen zentralen Dorfplatz mit der hübschen St.-Wendelin-Kirche (3) wir schließlich erreichen.

Rechts an der Kirche vorbei, biegen wir ca. 200 m weiter links in den »Wiesenweg Haldensee« ein. Wir lassen den Ort hinter uns, unterqueren die Umgehungsstraße und folgen einem Teerweg durch Wiesen bis zu einer Wegkreuzung im Wald. Dort gehen wir geradeaus, laufen etwa 200 m weiter durch den Wald und biegen dann am nächsten Abzweig rechts ab. Eine kleine bewaldete Kuppe hinauf, auf der anderen Seite wieder hinab und schon haben wir den Haldensee (4) erreicht.

Links führt der kürzere – und auch sonnigere – Weg am Ufer entlang nach Haller, aber da es direkt an der viel befahrenen Straße entlanggeht, ist das gegenüberliegende Ufer die deutlich schönere Alternative. Dazu bleiben wir auf der westlichen Seeseite, passieren Parkplatz, Campingplatz und Freibad, überqueren auf einer Brücke den kleinen Strindenbach und biegen danach links auf den breiten, geschotterten Uferweg nach Haller ein. Mit prächtiger Aussicht auf die hoch aufragenden hellen Gipfel der Tannheimer Berge wandern wir gemütlich direkt am Ufer entlang, immer wieder vorbei an kleinen Kiesbuchten, an denen Kinder spielen können und man im Sommer im wunderbar klaren Wasser baden kann.

Am Ende des Sees halten wir uns links und gelangen über einen Wiesenweg zum kleinen Ort Haller mit Restaurant, Liegewiese, Bootsverleih etc. Die Bushaltestelle (5) befindet sich am westlichen Ortsende beim »Hotel Via Salina«.

Am Ufer des Haldensees.

Tannheimer Tal

32 Vilsalpsee-Runde und Wasserfall

Ein Bergsee zum Träumen

Manch einer mag sich an einen norwegischen Fjord erinnert fühlen, angesichts der hoch aufragenden Berge ringsherum und des engen Tales, das fast in seiner ganzen Breite vom See eingenommen wird. Der See ist zwar sehr beliebt, aber da die Straße für den Autoverkehr gesperrt ist, geht es hier insgesamt recht ruhig zu. Ein wunderschöner Spazierweg führt einmal rund um den See, der – wie das gesamte Gebiet drumherum – unter Naturschutz steht. Im Süden schließt sich jenseits der Vilsalpe eine ganz andere Landschaft an: Die herausgeputzte, liebliche Almidylle weicht dort einem hochalpin anmutenden Talschluss, über dem sich der Bärgacht-Wasserfall in die Tiefe stürzt.

KURZINFO

Ausgangspunkt: Vilsalpsee-Nordufer, Bushaltestelle am Gasthof Vilsalpsee, 1167 m. Die See-Zufahrtsstraße von Tannheim zum Vilsalpsee ist zwischen 10 und 17 Uhr für Privat-Kfz gesperrt. Zwischen dem Großparkplatz an der Talstation der Neunerköpfle-Seilbahn, 1109 m, und dem Gasthof Vilsalpsee verkehren Pendelbusse, zu »Stoßzeiten« vormittags und nachmittags 3-mal/Std., sonst stündlich.
Anfahrt: Tannheim, der Hauptort des Tales, ist von Pfronten durch das Engetal, von Oberstdorf/Sonthofen via Oberjoch und von Kempten über die A 7 Ausfahrt Oy-Mittelberg, dann über Wertach und Oberjoch erreichbar. In Tannheim beim Kreisverkehr an der Umgehungsstraße zur Talstation der Neunerköpflebahn. VVT-Bus Linie 4262 Reutte – Oberjoch ca. alle 60 bis 90 Min; von Pfronten verkehrt der »Tälerbus« im 2-Stunden-Takt nach Tannheim; Bushaltestelle »Tannheim Kreisverkehr«. Navi: A-6675 Tannheim, Bergbahnweg 12.
Gehzeit: 2.15 Std.
Distanz: 6,9 km.
Höhenunterschied: 100 m.
Anforderungen: Um den See herum breite, ebene, angenehme Wege. Jenseits der Vilsalpe grobe Schotterpfade, alpiner und holpriger. Am Talende muss ein Bach durchwatet werden (wenn man nicht auf demselben Weg zurückkehrt).
Dort bis in den Frühsommer Schneereste.
Einkehr: Gasthof Vilsalpsee und Fischerhütte, 1167 m, am vorderen/nördlichen Seeufer; Vilsalpe, 1178 m.
Kinder: Der See bietet viel Abwechslung und unterhalb des Wasserfalls können die Kleinen auf den Felsen am Bach herumklettern. An der hübschen Vilsalpe gibt es einen kleinen Spielplatz, an der Fischerhütte können Boote gemietet werden. Der breite, ebene Seerundweg ist für Kinderwagen geeignet, hinter der Vilsalpe ist jedoch Schluss. Für Kinder spannender als der Bus ist die Fahrt mit dem zwischen Talstation Neunerköpflebahn und Gasthof Vilsalpsee verkehrenden Touristenbähnchen »Tannheimer Alpenexpress« (Info Tel. +43 676 9122643, www.tannheimer-alpenexpress.at).
Bademöglichkeit: Baden kann man am gesamten nördlichen Ufer, dort gibt es breite Wiesenstreifen und kindergeeignetes, flaches, aber frisches Wasser.
Winter: Die Straße Tannheim – Vilsalpsee ist im Winter begehbar, der Seerundweg aber wegen Lawinengefahr gesperrt.
Tourist-Info: Tourismusverband Tannheimer Tal, Oberhöfen 110, A-6675 Tannheim, Tel +43 5675 62200, www.tannheimertal.com.
Hinweis: Wegen eines gewaltigen Bergsturzes vor einigen Jahren ist der Weg am östlichen Seeufer trotz Sicherungsmaßnahmen noch immer nicht (gefahrlos) benutzbar. Gegebenenfalls dem (beschilderten) Umweg folgen.

Der Vilsalpsee mit Gaishorn und Rauhhorn.

Vom Großparkplatz an der Neunerköpflebahn-Talstation nehmen wir den hier abfahrenden Pendelbus zum Vilsalpsee, mit Endhaltestelle beim gleichnamigen Gasthof (1) am Nordufer. Alternativ kann man den See auch mit dem »Touristenbähnle« (siehe Bild S. 11) oder per Pferdekutsche erreichen.

Am Vilsalpsee-Nordufer herrscht immer etwas Trubel – zwei Gasthäuser, Kiosk, Bootsverleih, und viele Besucher, die sich ohne größere Wanderambitionen einfach nur zum See haben kutschieren lassen. Denn das Panorama mit dem tiefblauen Wasser und den hoch aufragenden Bergen im Hintergrund ist wirklich beeindruckend. Wir wandern linksherum um den See (aber das kann man natürlich auch anders handhaben), durchstreifen die weite Wiesenebene, die sich auf seiner Nordseite ausdehnt und laufen auf breitem Schotterweg meist recht ufernah Richtung Vilsalpe. Am südwestlichen Ende des Sees breitet sich eine weite Schwemmebene aus mit den Weideflächen der hübschen Vilsalpe (2), die von den mächtigen Felswänden des Rauhhorns überragt wird; im Süden bildet der imposante Talschluss den Hintergrund. Bei der Vilsalpe beginnt der Rundweg zum Wasserfall, die Szenerie ändert sich hier komplett: Das lieb-

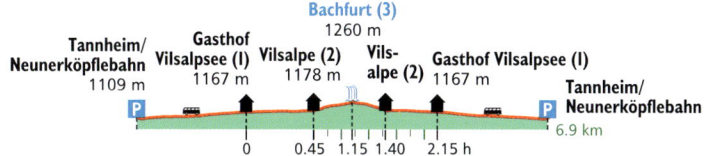

Tannheimer Tal

liche Almidyll weicht fast schlagartig einer wilden, alpinen Landschaft. Knapp 200 m hinter der Hütte gabelt sich der Weg, wir halten uns rechts und durchqueren ein altes Bergsturzgebiet. Wild durcheinandergewürfelt liegen dicke Felsbrocken herum, die Bäume sind hier auffallend klein, weil sie sich das Terrain erst wieder zurückerobern mussten. Kleine Bäche schlängeln sich durch dieses Gewirr, der ganze Weg ist etwas holprig. Schon bald öffnet sich der Wald und gibt den Blick frei auf den steilen Felsschluss des Tales, von dem sich der Bärgacht-Wasserfall gut 300 m hinabstürzt. Der Weg wird schmaler und zieht sich durch das Gelände, dem man ansieht, dass es alljährlich von Lawinenabgängen und dem über die Ufer tretenden Bach neu gestaltet wird. Es ist nicht so sehr die Höhenlage, die sich kaum von der des

Der Bärgacht-Wasserfall im Talschluss.

Vilsalpsees unterscheidet, als vielmehr der bis weit in den Frühsommer liegende Schnee, der hier eine dichtere Vegetation verhindert und dem Ganzen einen herben, alpinen Anstrich gibt.

Allmählich windet sich der schmaler werdende Pfad einen Hang hinauf, es wird schottriger, und vereinzelt tauchen Latschen und Erlen auf, bis wir auf den Bach stoßen, der vom Wasserfall gespeist wird. Eine Brücke sucht man leider vergeblich, man findet nur eine **Bachfurt (3)**, 1260 m. Jetzt heißt es also Zähne zusammenbeißen und barfuß durchs eiskalte Wasser waten – sofern man nicht angesichts des meist sehr niedrigen Wasserstandes auf den vielen großen Steinen im Bachbett trockenen Fußes hinübergelangt. (Wem die Bachquerung zu wacklig oder zu kalt ist, der geht am besten denselben Weg zurück, der im Grunde auch der schönere ist.)

Von der gegenüberliegenden Bachseite gelangt man auf breitem Schotterweg durch dichten Kiefernwald zurück zur **Vilsalpe (2)**. Kurz hinter der Hütte halten wir uns diesmal links und wandern auf dem schönen (fahrradfreien) Weg am westlichen Ufer des Sees, immer direkt am glasklaren Wasser entlang, zurück zum Bus-, Touristenbähnle- und Kutschen-Parkplatz beim **Gasthof Vilsalpsee (1)**. Mit einem der drei Verkehrsmittel geht es dann zurück zur Talstation der Neunerköpflebahn. (Natürlich kann man auch die rund 4 km nach Tannheim in gut 1 Std. zurücklaufen, immer leicht bergab – teils auf der Straße, teils durch Wald und Wiesen.)

Tannheimer Tal

33 Auf die Sulzspitze

Stiller Aussichtsgipfel am Saalfelder Höhenweg

Zwischen dem tief eingeschnittenen Vilstal im Westen und den schroffen Gipfeln von Litnisschrofen und Lailachspitze auf der anderen Seite erstreckt sich ein lang gezogener Kamm vom Neunerköpfle im Norden bis zur Lachenspitze im Süden. Auf den Aussichtsberg Neunerköpfle geht es entspannt mit der Seilbahn hinauf, wo oben auf dem Kamm mit dem Saalfelder Höhenweg einer der leichtesten und schönsten Panoramawege des Tannheimer Tales beginnt. Immer oberhalb der Baumgrenze verlaufend belohnt uns die Wanderung mit wunderschönen Ausblicken in die Allgäuer und Lechtaler Alpen bis zur fernen Zugspitze. Der Höhenweg führt in seiner ganzen Länge zur Landsberger Hütte. Unser Ziel liegt aber bereits auf halber Strecke, wo sich die – gerade im Vergleich zum recht viel begangenen Höhenweg – überraschend stille Sulzspitze erhebt, deren Gipfel eine herrliche Aussicht bietet.

KURZINFO

Ausgangspunkt: Neunerköpflebahn (8er-Umlaufkabinenbahn; Betriebszeiten Mai–Anfang Nov. 8.45–16.15 Uhr, Mai, Okt. und Nov. nur bei trockener Witterung; Tel. +43 5675 6260, www.tannheimer-bergbahnen.at); Talstation Tannheim 1109 m, Großparkplatz, Bushaltestelle; Bergstation Neunerköpfle 1791 m.
Anfahrt: Tannheim, der Hauptort des Tales, ist von Pfronten durch das Engetal, von Oberstdorf/Sonthofen via Oberjoch und von Kempten über die A 7 Ausfahrt Oy-Mittelberg, dann über Wertach und Oberjoch erreichbar. VVT-Bus Linie 4262 Reutte – Oberjoch ca. alle 60 bis 90 Min; von Pfronten verkehrt der »Tälerbus« im 2-Stunden-Takt nach Tannheim; Bushaltestelle »Tannheim Kreisverkehr«. Navi: A-6675 Tannheim, Bergbahnweg 12.
Gehzeit: 3.15 Std.

Distanz: 8,8 km.
Höhenunterschied: 400 m.
Anforderungen: Alpines Gelände; überwiegend breite, angenehme Wege ohne größere Steigungen, nur der Anstieg zur Sulzspitze verläuft etwas steiler auf schmalem Pfad.
Einkehr: Gundhütte, 1810 m, bei der Bergstation; Obere Strindalpe, 1682 m; Gappenfeldalm, 1830 m, ca. 10 Min. hinter dem Abzweig hoch zur Sulzspitze.
Kinder: Das Neunerköpfle ist einer der beliebtesten Gleitschirmberge der Allgäuer Alpen, an schönen Tagen kreisen z. T. mehrere Dutzend bunte Schirme im Himmel. Deren Starts können auf dem Wiesenhang knapp unterhalb des Gipfels hautnah miterlebt werden. Die Tour selbst ist recht leicht, auch der Gipfelanstieg ist nicht besonders anstrengend.
Tourist-Info: Tourismusverband Tannheimer Tal, Oberhöfen 110, A-6675 Tannheim, Tel +43 5675 62200, www.tannheimertal.com.

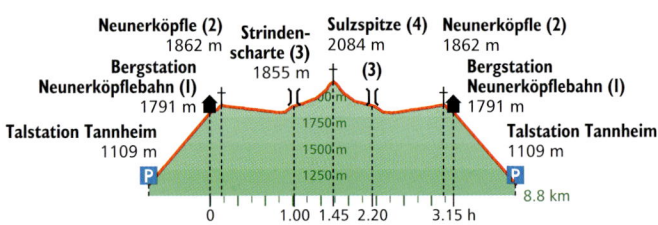

Der Saalfelder Höhenweg: Sulzspitze (links) und Tannheimer Berge.

Von der **Neunerköpfle-Bergstation (1)**, 1791 m, führt ein breiter Weg zur nahen Paraglider-Startwiese direkt unterhalb des Gipfels. Dort teilt er sich: Geradeaus geht es rechts um den Gipfelblock herum, links gelangt man hinauf zum Gipfelkreuz (beide Wege treffen später wieder aufeinander). Zum Gipfel des **Neunerköpfle (2)**, 1862, geht es ziemlich steil bergan, dafür wird man oben mit einem großartigen Panorama über Haldensee, Tannheimer Berge sowie das lang gestreckte Tannheimer Tal belohnt.

Nachdem der Weg gut 500 Meter weiter südlich wieder mit dem Alternativweg vereint ist, führt er aussichtsreich auf dem breiten Wiesenkamm weiter. Nach einigen Minuten auf dem Grat biegt der Weg dann nach links ab und führt abwärts Richtung Strindenalpe und Strindental, welches uns im Osten begleitet. Wir verlassen hier den Hauptweg und folgen einem breiten Trampelpfad, der sich mit leichtem Auf und Ab am rechten Talhang entlangzieht. Ein streckenweise etwas holpriger und nach Regentagen matschiger Weg mit herrlich freiem Blick über das Tal und die gewaltige Felswand des Litnisschrofen auf der gegenüberliegenden Talseite. Nach gut 30 Min. treffen wir auf einen breiten Fahrweg, der aus dem Tal – bzw. von der Strindenalpe – heraufführt und steigen auf diesem die letzten Meter hinauf zur **Strindenscharte (3)**, 1855 m, welche den

Tannheimer Tal

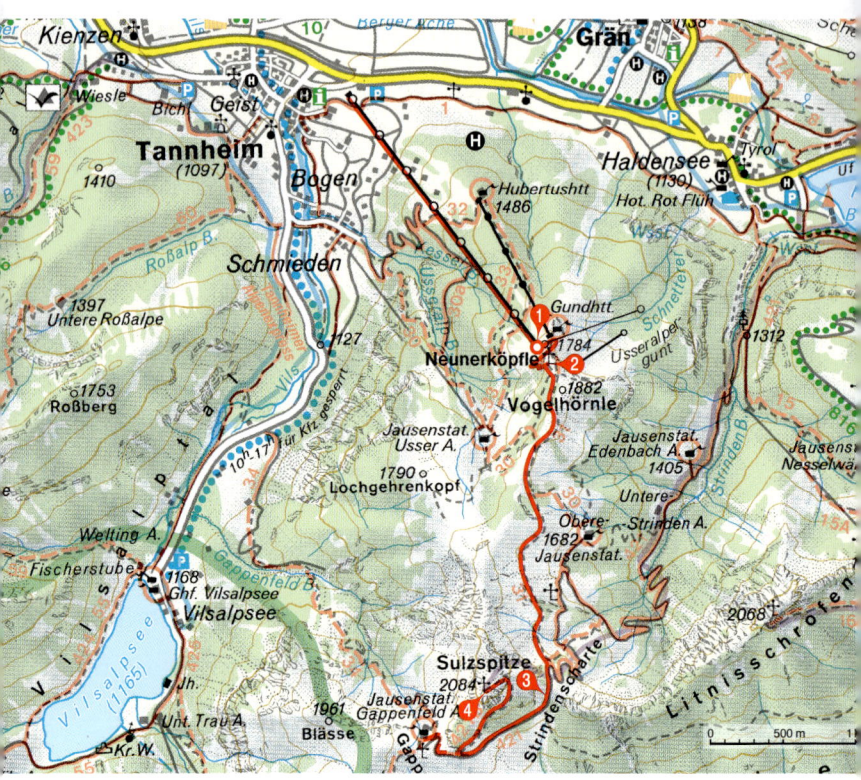

Übergang ins Birkental bildet: Vor uns öffnet sich ein herrliches Panorama über das Tal mit der mächtigen Felswand der Leilachspitze im Hintergrund; rechts über uns erhebt sich die Sulzspitze, dessen Südosthang wir auf breitem Weg queren, ehe rechts ein schmaler Pfad abzweigt. Nun geht es fast 200 Höhenmeter bergauf, teilweise recht steil, aber technisch einfach, wobei sich der Weg allmählich den Osthang emporzieht, um dann in einem weiten Bogen das Gipfelplateau der **Sulzspitze (3)**, 2084 m, zu erreichen. Dieses haben wir oft ganz für uns alleine, um die wunderbare Aussicht zu genießen: Gaishorn und Rauhhorn im Westen jenseits des tiefen Vilstales, die Kalkgipfel der Tannheimer Berge im Norden und weit im Osten die Zugspitze.

Zurück zur **Neunerköpfle-Bergstation (1)** geht es auf demselben Weg.

Variante: Wem der Sinn nach Almhütte und Verpflegung steht, dem kann mit der Gappenfeldalm, 1830 m, geholfen werden: Vom Aufstiegs-Abzweig sind es etwa 10 Minuten; den Hauptweg Richtung Landsberger Hütte folgen, nach 300 m rechts zur etwas versteckt hinter einer Kuppe gelegenen Alm.

Haldensee und Tannheimer Berge vom Neunerköpfle.

Tannheimer Tal

34 Auf den Schartschrofen

Aussichtsgipfel hoch über dem Tannheimer Tal

Die Füssener-Jöchle-Bahn bringt den Wanderer mitten hinein ins Zentrum der Tannheimer Bergwelt mit ihren gewaltigen Kalksteingipfeln. Während die hohen Felstürme von Kellenspitze, Gimpel und Rote Flüh von Kletterern oder sehr ambitionierten Wanderern bestiegen werden, bieten sich auch für den »normalen« Bergwanderer rund um das Füssener Jöchle viele herrliche Touren an. Eine kurze, aber dennoch eine der schönsten Touren des Tannheimer Tales führt auf den Schartschrofen – mit ständig wechselnde Blick auf einen der spektakulärsten Aussichtsgipfel der Region hoch über dem Haldensee.

KURZINFO

Ausgangspunkt: Füssener-Jöchle-Bergbahn (8er-Umlaufkabinenbahn; Betriebszeiten Anfang Juni–1. Nov. 9–16.30 Uhr; Tel. +43 5675 6363, www.lifte-graen.com); Talstation Grän 1205 m, Parkplatz und Bushaltestelle: Bergstation Füssener Jöchle, 1821 m.
Anfahrt: Von Pfronten durch das Engetal, von Oberstdorf/Sonthofen via Oberjoch und von Kempten über die A 7 Ausfahrt Oy-Mittelberg über Wertach und Oberjoch. VVT-Bus Linie 4262 Reutte – Oberjoch ca. alle 60 bis 90 Min.; von Pfronten verkehrt der »Tälerbus« im 2-Stunden-Takt nach Grän; Haltestelle »Grän Liftanlagen«. Navi: A-6673 Grän-Haldensee, Füssener Jöchle Straße.
Gehzeit: 2.30 Std.
Distanz: 3,2 km.
Höhenunterschied: 250 m.
Anforderungen: Alpines Gelände, ungefährlich, aber teils schmale, durch Latschenwurzeln und Felsen etwas holprige Pfade. Einige etwas steilere Passagen, nach Regentagen streckenweise sehr rutschig und matschig.
Einkehr: Sonnenalm, 1821 m, an der Bergstation.
Kinder: Die Tour ist kurz und abwechslungsreich genug, und auf dem leichten Gipfel kann man den Kletterern zusehen.
Winter: Ein kurzer, 15-minütiger Winterwanderweg führt von der Bergstation zum aussichtsreichen Gamskopf.
Tourist-Info: Tourismusverband Tannheimer Tal, Oberhöfen 110, A-6675 Tannheim, Tel +43 5675 62200, www.tannheimertal.com.

Wanderer auf dem Weg zum Schartschrofen.

Die Kabinenbahn bringt uns zügig und in der Regel ohne Wartezeit hinauf zur **Bergstation Füssener Jöchle (1)**. Kaum der Gondel entstiegen, breitet sich vor uns ein weiter Kessel aus, der sich zum Ostallgäu hin öffnet und über dem sich die markante, helle Spitze der Großen Schlicke erhebt. Am rechten Hang dieses weiten Runds wandern wir leicht ansteigend zu einer **ersten Scharte**, die den Übergang zum schönen Raintal bildet. Dessen gesamte Südseite wird von der imposanten Felslandschaft der Tannheimer Berge eingenommen, die vor uns Spalier zu stehen scheinen: Rote Flüh, Gimpel, Kellenspitze (auch Köllenspitze) und Gehrenspitze – beeindruckende Giganten aus hellem Wettersteinkalk, die das Herz jedes versierten Kletterers höher schlagen lassen.

Wir wenden uns nach rechts und queren im weiten Bogen den Hang unterhalb der Läuferspitze bis zu einer kleinen **zweiten Scharte**. Dort wechseln wir auf die gegenüberliegende Seite des Grates und genie-

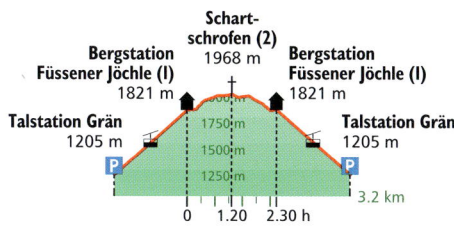

Der Schartschrofen-Gipfel, dahinter Gimpel und Rote Flüh.

ßen den herrlichen Blick über das Tannheimer Tal. Durch dichtes Latschengestrüpp windet sich der teilweise etwas holprige Pfad hinab zu einer **dritten Scharte**, 1851 m, ehe der steile Gegenanstieg hinauf zum **Schartschrofen (2)**, 1968 m, beginnt. Dort erwartet uns ein überwältigendes Panorama: Zum Greifen nah recken sich Rote Flüh und Gimpel vor uns in den Himmel, im Südwesten schweift der Blick über das weite Tannheimer Tal und die Allgäuer Alpen. Und tief unter uns schimmert der grüne Haldensee, überragt von den dunklen Felswänden der Krinnenspitze.

Für »normale« Wanderer ist hier am Gipfel Schluss, zurück zum **Füssener Jöchle (1)** geht es auf demselben Weg. Auf Kletterer hingegen wartet auf der Südostseite des Schartschrofen der steile Abstieg auf dem Friedberger Klettersteig.

Tannheimer Tal

Höhenwege am Hahnenkamm

35

Kammblicke zwischen Tannheimer und Lechtal ★★★

Wie so oft in Österreich, spielt sich auch am Hahnenkamm das Hauptgeschäft im Winter ab. Im Sommer wird ausgebessert, renoviert und die nächste Wintersaison vorbereitet. In der Wandersaison geht es hier also vergleichsweise ruhig zu. Dabei bieten die herrlichen Ausblicke und die schönen, weiten Almwiesen alles für einen gelungenen Tag in den Bergen. Der Hahnenkamm ist ein breiter, etwa vier Kilometer langer Rücken (mit gleichnamiger Haupterhebung), der wie ein gewaltiger Riegel zwischen dem Lechtal bzw. dem weiten Talkessel bei Reutte im Osten und dem Tannheimer Tal im Westen liegt. Der Kamm präsentiert sich überwiegend grün und wiesenreich. Nur an seinem Südende erhebt sich kontrastreich der felsige Kegel der Gaichtspitze, während im Norden die Almflächen unvermittelt in die hoch aufragenden, wuchtigen Kalkgipfel der Tannheimer Berge übergehen. Hinauf geht es bequem per Seilbahn, und oben warten schöne Wanderwege und atemberaubende Ausblicke auf die sich zu unseren Füßen ausbreitenden Täler. In der Ferne reihen sich die Gipfel der Allgäuer und Lechtaler Alpen auf, Zugspitze und Mieminger Kette scheinen ganz nahe.

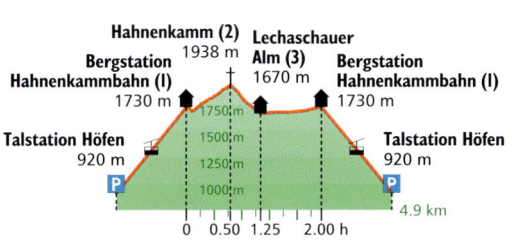

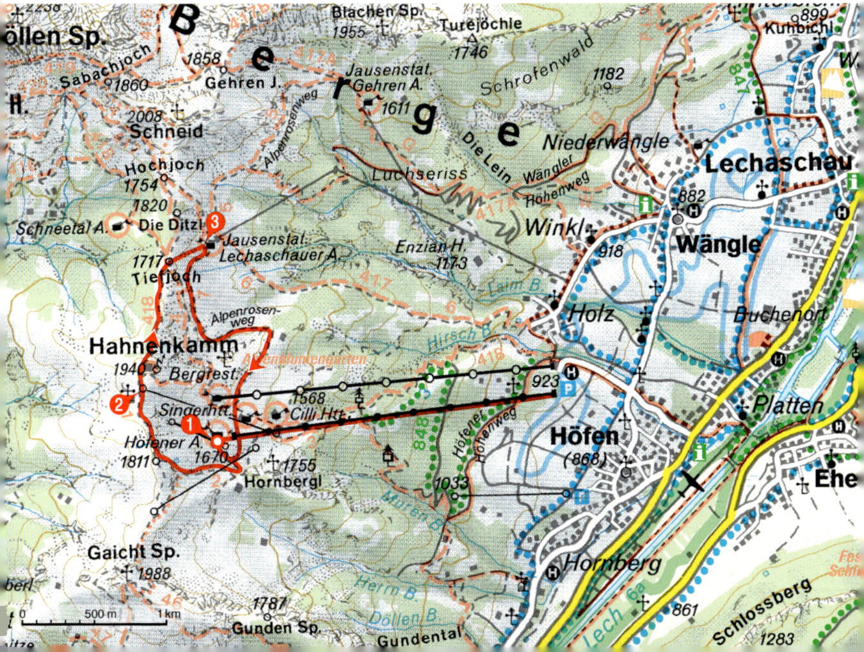

Das Tannheimer Tal mit dem Haldensee vom Hahnenkamm.

KURZINFO

Ausgangspunkt: Hahnenkammbahn (8er-Umlaufkabinenbahn; Betriebszeiten Mitte Mai–Ende Okt, bis Mitte Juni und im Okt. nur bei trockener Witterung, 9–16.30 Uhr; Tel. +43 5672 62420, www.reuttener-seilbahnen.at); Talstation Reutte-Höfen 920 m, Parkplatz und Bushaltestelle; Bergstation 1730 m.

Anfahrt: Die A 7 geht hinter dem Grenztunnel bei Füssen in eine (vignettenfreie) Schnellstraße über; bis zur Ausfahrt Reutte Süd, dann ca. 3 km zur Seilbahnstation oberhalb von Höfen. ÖBB-Bus Linie 4260 vom Bahnhof Reutte ca. alle 90 Min. Navi: A-6604 Höfen bei Reutte, Bergbahnstraße 18.

Gehzeit: 2.00 Std.
Distanz: 4,9 km.
Höhenunterschied: 250 m.
Anforderungen: Der Gratweg über den Hahnenkamm-Gipfel ist teilweise etwas schmal, aber gut zu gehen. Die restlichen Wege sind breit und einfach.

Einkehr: Panoramarestaurant Hahnenkamm, 1730 m, an der Bergstation; Höfener Alm, 1670 m, 11 Lager, Tel. +43 664 3515086; Lechaschauer Alm, 1670 m, 30 Lager, Tel. +43 676 3347308.

Kinder: Falls man mit Kindern den Hahnenkamm-Gipfel weglassen möchte, bietet sich als Alternative eine etwas kürzere 90-minütige Runde an: von der Bergstation gleich nordwärts über den Alpenblumengarten zur Lechaschauer Alm und zurück auf dem ebenen Weg zur Höfener Alm. An der Bergstation gibt es einen Barfußweg durch Blumenwiesen. Der Weg zur Lechaschauer Alm ist zwar völlig eben, aber wegen einiger holpriger Wurzel-Passagen nicht wirklich für Kinderwagen zu empfehlen.

Tourist-Info: Tourismusverband Naturparkregion Reutte, Untermarkt 34, A-6600 Reutte, Tel. +43 5672 62336, www.reutte.com.

Tannheimer Tal

In der direkten Umgebung der Bergstation (1) mag man den alpinen Charme noch etwas vermissen angesichts der zahlreichen Gebäude, die sich auf dem weiten Hang verteilen, der Liftanlagen, Sendemasten, geschotterten Straßen und der sommerlichen Bautätigkeit. Aber bereits wenige Minuten entfernt sieht die Welt schon völlig anders aus. Wir folgen der Schotterstraße ein kurzes Stück hinunter Richtung Höfener Alm und wandern dann auf einen kleinen Sattel hinauf, rechts des bewaldeten Hornbergl. An diesem wenden wir uns nach rechts und steigen über die Wiese steil hinauf bis zu einem Weg knapp unterhalb des Grates. Dort halten wir uns erneut rechts und wandern schließlich auf dem Grat hinauf zum Hahnenkamm (2), 1938 m. Die versammelte Fernmeldetechnik direkt auf und rund um den Gipfel ist sicherlich etwas störend, aber die Aussicht ist sensationell: Im Westen breitet sich das ganze Tannheimer Tal vor uns aus, überragt von den hellen Kalkfelsen von Gimpel, Köllenspitze und Co.

Dann geht es – die prächtigen Tannheimer Berge vor Augen – auf dem aussichtsreichen Wiesenkamm hinunter zu einem kleinen Sattel, dem Tiefjoch, 1717 m. Rechts von uns öffnet sich das Gelände zu den offenen Almflächen der Lechaschauer Alm (3), zu der wir in wenigen Minuten absteigen. Der Rückweg ist eher ein gemütlicher Spaziergang, bei dem wir uns ganz auf die schöne Szenerie einlassen können. Gänzlich ohne Steigung führt er im Bogen um einen hohen Felssporn herum und bietet nochmal Ausblicke auf die Tannheimer Berge und Reutte unten im Lechtal. So gelangen wir zur Höfener Alm und von dort nach kurzem Anstieg zur Bergstation (1) mit Panoramarestaurant.

Die Tannheimer Berge und die Lechaschauer Alm.

Ostallgäu

36 Grüntensee-Rundweg

Naturnaher Stausee zu Füßen der Alpspitz ★

Neben den unzähligen natürlichen Wasserflächen im Alpenvorland finden sich auch zahlreiche Stauseen, die teilweise – wie der Ostallgäuer Forggensee – nur im Sommer volllaufen und im Winter ein eher tristes Bild bieten, zum Teil aber auch ganzjährig existieren und inzwischen wie Naturseen wirken, mit hübschen Uferwegen, Schilfzonen, herrlich klarem Wasser und einladenden Badebuchten. Einer davon ist der Grüntensee an der Grenze zwischen Ober- und Ostallgäu. Ein landschaftlich reizvoller und sehr leichter Weg führt uns einmal um den See herum, durch schöne Blumenwiesen und Auwälder, oft direkt am Ufer entlang mit schönen Ausblicken auf die voralpine Landschaft zwischen Alpspitz und Grünten.

Blick von Süden auf den Grüntensee.

KURZINFO

Ausgangspunkt: Parkplatz am Grüntensee-Südostufer beim Buronlift, 893 m, in der Nähe des Campingplatzes »Grüntensee«, östlich von Wertach.

Anfahrt: Der Ausgangspunkt liegt etwa 3 km östlich von Wertach an der Straße Richtung Nesselwang. Wer auf der A 7 von Kempten kommt, nimmt die Ausfahrt Oy-Mittelberg, dann Richtung Wertach. Mäßige Busverbindungen zwischen Immenstadt und Wertach (RVA-Linie 9781), von dort etwa 2 km zum Rundweg; besser ist die Zugverbindung zum Bahnhof Haslach am Ostende des Sees (Linie Kempten – Füssen, stündlich Züge). Als Autofahrer kann man die Runde auch an anderer Stelle beginnen: weitere Parkplätze gibt es u. a. in Haslach (gleich am Ortsanfang beim Schützenhaus) sowie beim Kletterwald Grüntensee. Navi: 87497 Wertach, Grüntenseestraße 44.

Gehzeit: 2.45 Std.
Distanz: 9,0 km.
Höhenunterschied: 50 m.
Anforderungen: Völlig ebener Rundweg; meist breite Schotterwege.
Einkehr: Buron-Stadl gegenüber des Parkplatzes; Seehaus beim Kletterwald Grüntensee; Restaurants im Ort Haslach (kleiner Abstecher vom Rundweg); Fischerhütte beim Camping Grüntensee.

Kinder: Leichte Wege, oft direkt am Wasser entlang, mit mehreren Bademöglichkeiten. Insgesamt vielleicht etwas »eintönig« für Kinder. Das Ganze lässt sich aber auch mit einem Kletterwald-Besuch verbinden (für den man ca. 3 Std. einplanen sollte; www.kletterwald-gruentensee.de). Außerdem gibt es beim Kletterwald auch einen Kanadierverleih, beim Campingplatz Grüntensee werden Tretboote vermietet; beim Camping Wertacher Hof in Haslach befindet sich direkt am Weg ein kleiner Spielplatz. Die gesamte Runde ist kinderwagentauglich. Direkt am Start-/Endpunkt am Buronlift befindet sich der Buron-Kinderpark (großer Spielplatz mit allerlei Attraktionen, Eintritt).

Bademöglichkeit: Beim Grüntensee-Camping im Süden des Sees gibt es einen Kiesstrand, beim Kletterwald am Ostufer Kiesstrand und Liegewiese, jeweils mit Bootsverleih.

Winter: Der Rundweg wird im Winter geräumt; auf einer Teilstrecke (am Westufer parallel zur Bundesstraße) ist der Weg gleichzeitig Langlaufloipe.

Tourist-Info: Tourist-Information Wertach, Rathausstr. 3, 87497 Wertach, Tel. +49 8365 702199, www.wertach.de.

Am Grüntenseeufer.

Vom großen **Parkplatz** gegenüber dem **Buronlift (1)** und Buron-Kinderpark führt ein kurzer Stichweg zum Seerundweg. Dort halten wir uns rechts und wandern auf breitem Schotterweg – meist direkt am Wasser – ostwärts bis zur **Staumauer**. Oben auf der Mauer halten wir uns links und erreichen in wenigen Minuten auf einer Teerstraße den **Kletterwald Grüntensee (2)**. Direkt dahinter befindet sich eine größere Liegewiese mit Kiesstrand, Kanadierverleih und schönem Blick über den See und den Grünten in der Ferne.

Gegenüber dem Kletterwald-Parkplatz zweigt ein schmaler Kiesweg ab, der uns durch offene Wiesen Richtung Haslach leitet. Vorbei am **Campingplatz Wertacher Hof (3)** geht es schließlich links auf einen breiten, schnurgeraden Schotterweg, dem wir knapp 1,5 km entlang des Westufers des Sees folgen. Wir nähern uns kurz der Bundesstraße (mit kleinem Parkplatz) und biegen wenige Schritte später links in einen Weg Richtung See ein, um knapp 200 m weiter rechts auf einem angenehm weichen Rindenmulchweg in einen Fichtenwald einzutauchen.

Kurz darauf verlassen wir den breiten Weg und folgen dem Schild »Grüntensee-Rundweg« auf einem schmalen Wiesenweg, der aber bald wieder breiter wird. Vorbei an einem **Jugendzeltplatz**, dann durch die schönen Au-Niederungen der **Wertach** mit Feuchtwiesen und Auwäldern. Schließlich überqueren wir auf einer **Brücke (4)**, 883 m, den Fluss und wandern auf einem breiten Schotterweg durch hübschen Erlen-Weiden-Auwald zum **Campingplatz Grüntensee (5)**, wo uns zum Abschluss der Tour Liegewiese, Kiesstrand und Bootsverleih erwarten. Wenige Minuten hinter dem Strand schließt sich unser Kreis und wir haben den Stichweg zum **Parkplatz (1)** erreicht.

Ostallgäu

Breitenberg und Ostlerhütte

Großartiger Aussichtsbalkon über Pfronten ★★

Der breite, lang gezogene Kamm des Breitenbergs dominiert die südliche Kulisse von Pfronten. Fast übergangslos geht es aus dem flachen Vilstal steil hinauf, wo sich von seinen weiten Wiesenhängen und seinem Gipfel bei der Ostlerhütte dann ein wunderschönes Panorama über Pfronten und das gesamte Ostallgäu mit seinen zahlreichen Seen bietet. Richtung Süden öffnet sich der Blick ins Tannheimer Tal und auf die Allgäuer Alpen. Und über allem thront der wuchtige Aggenstein. Der Aussichtsberg ist natürlich nicht unbekannt, sodass an schönen Tagen viel Betrieb herrscht.

Die Ostlerhütte auf dem Breitenberg.

KURZINFO

Ausgangspunkt: Breitenbergbahn (4er-Umlaufkabinenbahn; Betriebszeiten Anfang Mai–Anfang Nov. 9–16.30 Uhr; Tel. +49 8363 5820, www.breitenbergbahn.de); Talstation Pfronten-Steinach, 850 m, Parkplatz, Bushaltestelle und Bahnhof; Bergstation 1509 m; im Anschluss an die Breitenbergbahn führt die Hochalpbahn als 4er-Sessellift von 1500 m auf 1677 m.
Anfahrt: Durch die vielen ineinandergewachsenen Dörfer Pfrontens hindurch Richtung Vils (Tirol) bis zur Talstation direkt hinter Pfronten-Steinach. RVA-Buslinie 71 von Füssen über Pfronten ca. alle 60 bis 90 Min.; Haltestelle »Breitenbergbahn«. Züge von Kempten zum Bahnhof Pfronten-Steinach (ebenfalls genau gegenüber der Talstation) stündlich. Navi: 87459 Pfronten, Tiroler Str. 176.
Gehzeit: 1.35 Std.
Distanz: 4,2 km.
Höhenunterschied: 180 m Aufstieg, 350 m Abstieg.
Anforderungen: Steiler Anstieg auf einem teilweise etwas unangenehm geröligem Weg hinauf zur Ostlerhütte; ansonsten leichte Bergpfade.
Einkehr: Ostlerhütte, 1838 m, 42 Betten, Tel. +49 8363 424; Berghaus Allgäu, 1500 m, direkt an der Breitenbergbahn-Bergstation, 60 Betten, Tel. +49 8363 486; Hochalphütte, 1510 m, in der Nähe der Bergstation, 20 Betten, Tel. +49 151 68147208; bbb-treff, 850 m, an der Talstation (mit großem Spielplatz).
Kinder: Ein Hüttenerlebnis mit zwar steilem, aber kurzem Anstieg sowie Kabinen- und Sesselbahn-Fahrt. Mit dem Kinderwagen kommt man oben nicht weit.
Tourist-Info: Pfronten Tourismus, Vilstalstr. 2, 87459 Pfronten, Tel. +49 8363 698-88, www.pfronten.de.

Ostallgäu

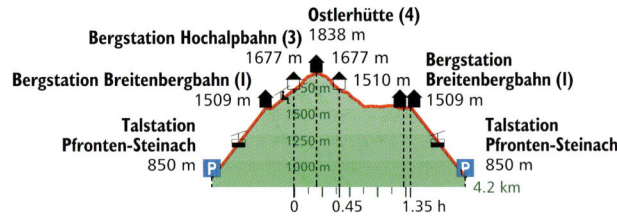

Die **Bergstation der Breitenbergbahn (1)**, 1509 m, liegt direkt an der Abbruchkante, die sich aus dem Tal so deutlich abzeichnet; ein direkt neben der Station und etwas über die Kante hinausragender Steg bietet einen schönen Blick hinunter in die Tiefe: Während nach Norden das Gelände sehr steil ins Vilstal abfällt und von dichtem Wald bedeckt ist, präsentiert sich oben die Südseite als weiter Wiesenhang, der im Winter fest in Skifahrerhand ist. Einer der Skilifte (die Hochalpbahn) ist auch im Sommer in Betrieb und ermöglicht uns einen weiteren, entspannten Höhengewinn. Von der Breitenberg-Bergstation sind es nur wenige Schritte hinüber zum **Hochalp-Sessellift (2)**, mit dem wir ganz gemütlich den offenen Wiesenhang hinaufgleiten.

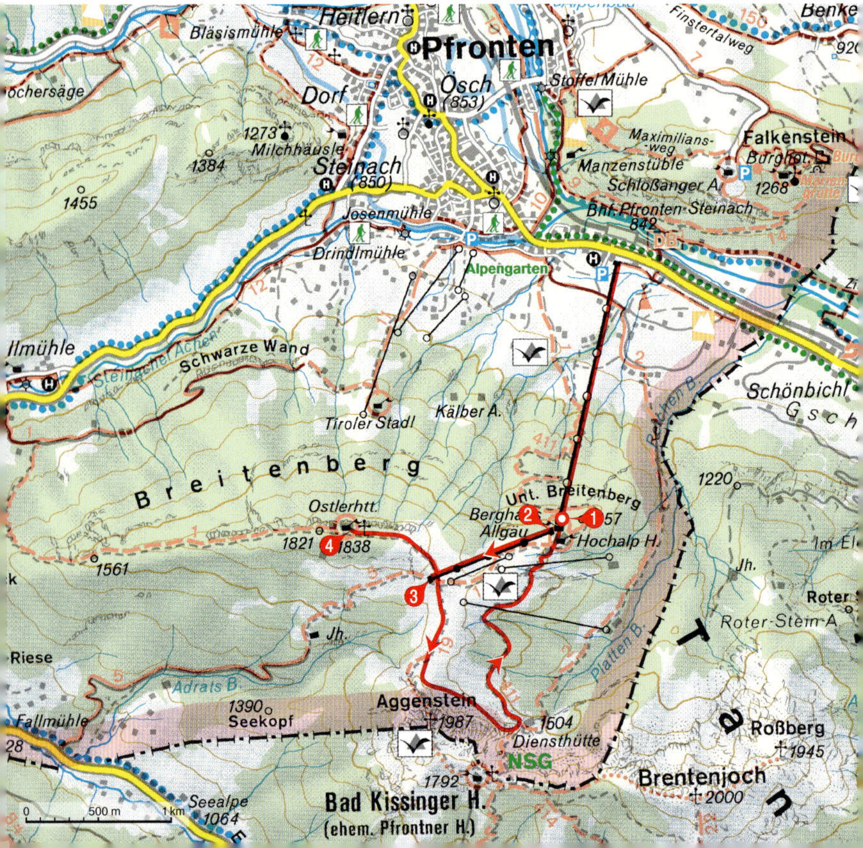

Unterwegs unterhalb des Aggenstein.

Oben an der Bergstation Hochalpe (3) stehen wir auf einem breiten Rücken, hinter dem sich der Blick in Richtung Westen ins Tannheimer Tal öffnet, während sich hinter uns im Osten das seenreiche Ostallgäu ausbreitet, davor das Vilstal und der lang gezogene Zirmgrat. Hier beginnt nun unsere eigentliche Wanderung: Bis zur Ostlerhütte sind es noch etwa 30 Minuten, die wir auf einem recht steilen Schotterweg durch einen mit Latschen bestandenen Südhang hinter uns bringen. Die Ostlerhütte (4), 1838 m, thront genau an der Kante am höchsten Punkt des lang gezogenen Breitenberg und bietet prächtige Ausblicke, sowohl hinunter in den Talkessel von Pfronten, als auch von ihrer Sonnenterrasse ins Tannheimer Tal, die Allgäuer Alpen und natürlich auf den Aggenstein, der sich äußerst markant direkt vor uns erhebt.

Der Abstieg zur Bergstation der Hochalpbahn erfolgt auf demselben Weg und ist wegen des gerölligen Untergrundes manchmal etwas unangenehm zu gehen (Teleskopstöcke ratsam). Von dort folgen wir dem Grat, der sich hinüber zum Aggenstein zieht. Erst von hier oben löst sich allmählich das Rätsel, wie die so abweisend und unbezwingbar wirkende Nordwand des Aggensteins auf normalem Wege zu durchsteigen ist: Auf seiner Westseite ist der nackte Fels durch einen schmalen, 45 Grad geneigten Wiesenhang unterbrochen, auf dem der sich in engen Serpentinen hochschlängelnde Pfad zu erkennen ist.

Aber da der Aggensteingipfel heute nicht auf unserem Programm steht, verlassen wir – kurz bevor der Anstieg beginnt – den Kammweg und steigen links auf einem schmalen Trampelpfad die Weide hinab, bis wir wieder auf einen breiten Weg stoßen. Dort halten wir uns links und wandern in leichtem Auf und Ab über die Hochalphütte, 1510 m, gemütlich zurück zur Breitenbergbahn-Bergstation (1).

Ostallgäu

38 Weißensee-Rundweg

Leichte Wanderung an kristallklarem Wasser

Wenige Kilometer westlich von Füssen schmiegt sich der wunderschöne, rund zwei Kilometer lange und 600 Meter breite Weißensee an die bewaldeten Hänge des Zirmgrates. Der hohe Kalkgehalt gibt seinem Wasser eine leicht weiß-bläuliche Färbung, wie sie auch in Gletscherflüssen häufig vorkommt. Ein schöner Weg führt rund um den See, fast immer direkt am Ufer entlang, mal auf breiten Spazierwegen am sonnigen Nordufer, mal auf schmalen Waldwegen am stillen Südufer unterhalb steiler Felswände.

KURZINFO

Ausgangspunkt: Weißensee-Oberkirch am Westufer des Sees, 788 m, Parkplatz beim Strandbad, Bushaltestelle.
Anfahrt: A 7 bis Ausfahrt Füssen, dort rechts Richtung Weißensee/Pfronten, am See entlang bis nach Oberried am Westufer. RVA-Buslinie 71 von Füssen bzw. Pfronten, ca. 1-mal/Std. in die Ortsteile Oberkirch oder Weißensee. Füssen ist per Zug aus Richtung Kaufbeuren stündlich erreichbar. Navi: 87629 Füssen-Weißensee/Oberkirch, Pfrontener Straße 35.

Gehzeit: 2.00 Std.
Distanz: 6,1 km.
Höhenunterschied: 15 m.
Anforderungen: Völlig ebener Rundweg, eher gemütlicher Spaziergang-Charakter; am bewaldeten Südufer teilweise sehr schmaler Pfad direkt am Wasser mit einer echten Engstelle, durch die man hindurch muss: ein Felsentor, ca. 1,5 m hoch und 50 cm breit. Der übrige Weg ist ein breiter und angenehmer Uferpromenadenweg.
Einkehr: Restaurants in den Ortsteilen Oberkirch und See; Kiosk am Strandbad in Oberried.

Leichter Seeuferweg, im Hintergrund die Kirche St. Walburga.

Kinder: Eine leichte Wanderung für die Kleinen, fast immer direkt am Wasser entlang. Im Seebad in Oberkirch gibt es Spielplatz, Tretbootverleih, Eisverkauf, Liegewiese und natürlich Seezugang ins seichte Wasser. Wegen der Felsentor-Engstelle am Südufer, die nicht umgangen werden kann, ist die Runde leider nicht mit dem Kinderwagen machbar. Abgesehen davon ist der Weg allerdings vollkommen eben, breit und kinderwagentauglich.

Bademöglichkeit: Am Westufer in Oberkirch gibt es ein größeres Strandbad mit Kiosk, Tretbootverleih, Spielplatz etc. (Eintritt frei).

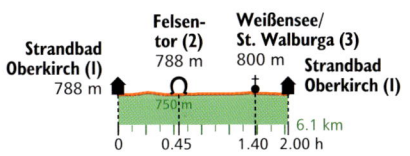

Winter: Es werden nur die breiten Wege auf der nördlichen Seeseite geräumt, der schmale Uferweg auf der bewaldeten Bergseite ist bei Schnee weitgehend unpassierbar.

Tourist-Info: Tourist Information Weißensee, Seeweg 4, 87629 Füssen-Weißensee, Tel. +49 8362 6500, www.fuessen-weissensee.de.

Vom **Parkplatz Strandbad (1)** sind es nur wenige Schritte bis zum Seeufer, das hier – sofern man im Hochsommer unterwegs ist – von zahlreichen Badegästen bevölkert ist. Der gesamte Rest des Sees präsentiert sich dagegen angenehm still. Schnell lassen wir den Trubel rund um die Liegewiese hinter uns und laufen auf dem wunderschönen Uferweg südwärts. Links bilden die Gipfel von Säuling und Tegelberg den Hintergrund des herrlichen Sees. Bald treffen wir auf die Ausläufer des bewaldeten Zirmgrat, der den See im Süden begrenzt.

Ein Waldweg führt uns nun fast immer direkt am Wasser entlang. Rechts ragen im steil aufsteigenden Gelände immer wieder helle Kalkfelsen im dichten Wald empor, und ab und zu plätschert ein kleiner Wasserfall zwischen den Bäumen – eine schöne, idyllische Atmosphäre.

Der Weißensee, im Hintergrund Tegelberg und Säuling.

Obwohl der Weg fast völlig eben ist, ist er auf dieser Seeseite weder für Fahrrad noch für Kinderwagen geeignet. Er ist meist sehr eng, manchmal etwas holprig durch Baumwurzeln, und auf halber Strecke kommt noch ein »Nadelöhr« hinzu: ein nicht zu umgehendes, kleines **Felsentor (2)**, durch das vielleicht Siebenjährige gerade noch mit angelegten Armen ungebückt und ohne Verrenkungen hindurchmarschieren können.

Schließlich wird der Weg breiter und stößt auf eine Straße, die rechts zum Alatsee hinaufführt. Wir halten uns links und biegen nach etwa 350 m erneut links auf einen breiten Schotterweg ein. Durch Feuchtwiesen gelangen wir schnell wieder ans Seeufer, das uns für den gesamten Rückweg erhalten bleibt. Ein herrlicher Weg, gegenüber der Zirmgrat, dahinter der Gipfel der Großen Schlicke, und vor uns die weiße Kirche St. Walburga. Etwas störend ist nur die viel befahrene Straße, die für wenige Hundert Meter direkt neben dem Wanderweg verläuft und so gar nicht zu der Seeidylle passt.

Unterhalb des kleinen Ortes **Weißensee** mit der Pfarrkirche **St. Walburga (3)** entlang wandern wir schließlich genüsslich auf dem schönen Uferweg zum Ausgangspunkt am **Strandbad (1)** zurück.

Ostallgäu

Um den Hopfensee

39

Gemütliche Runde mit perfektem Panorama

Der eiszeitliche Lechgletscher hat uns auch diesen schönen See hinterlassen. Der Hopfensee ist neben dem Bannwaldsee mit rund zwei Quadratkilometern der größte natürliche See im Ostallgäu. Sein Nord- und Ostufer sind durch den Ort Hopfen am See mit Promenade, Strandbad und sonstigen Freizeiteinrichtungen erschlossen, die übrigen Ufer sind weitgehend naturbelassen und verschilft. Ein leichter Weg führt meist ufernah durch Wiesen, Moore und kleine Wäldchen um den Hopfensee, aufgrund des völlig ebenen Geländes begleitet von herrlichen Ausblicken auf die Tannheimer Berge im Süden.

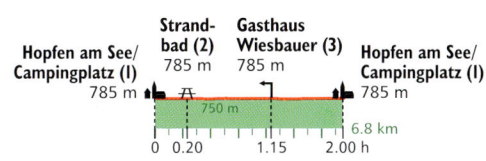

Der Hopfensee vor den Tannheimer Bergen.

Ostallgäu

KURZINFO

Ausgangspunkt: Hopfen am See, 801 m, zahlreiche Parkplätze entlang der Seepromenade zwischen Strandbad (am westlichen Ortsende) und Campingplatz »Hopfensee« (am südöstlichen Ortsende; Parkplatz »Ost« und Bushaltestelle).

Anfahrt: A 7 bis Ausfahrt Füssen, von dort ca. 7 km bis Hopfen am See. Von Füssen mit der RBA-Buslinie 56 ca. 1- bis 2-mal/Std. nach Hopfen, Haltestelle »Tourist-Information«; etwas seltener von Pfronten. Nächster Bahnhof ist Füssen (Züge von Kaufbeuren stündlich). Navi: 87629 Füssen-Hopfen am See, Uferstraße 1.

Gehzeit: 2.00 Std.
Distanz: 6,8 km.
Höhenunterschied: 10 m.
Anforderungen: Völlig ebener, breiter Weg. Überwiegend Schotter, im Ortsbereich geteerte Uferpromenade.
Einkehr: Zahlreiche Restaurants in Hopfen am See; ganz am südwestlichen Ende des Sees führt ein etwa 5-minütiger Abstecher zum Gasthaus Wiesbauer.

Kinder: Eine leichte Tour, die wegen der Wassernähe auch für Kinder interessant sein dürfte. Am nördlichen Ufer gibt es Bademöglichkeiten, Bootsverleih, Eisverkauf und Spielplätze. Die gesamte Hopfensee-Runde ist kinderwagentauglich.

Bademöglichkeit: Der Hopfensee ist wegen seiner geringen Wassertiefe von max. 10 m einer der wärmsten Alpenvorland-Seen. Am westlichen Ortsende gibt es ein Strandbad, am Ostufer beim Campingplatz einen Spielplatz und kleine Kiesstrände mit sehr flach abfallendem Ufer; am Nordufer können Tret- und Ruderboot gemietet werden.

Winter: Der gesamte Rundweg wird im Winter geräumt.

Tourist-Info: Tourist Information Hopfen am See, Uferstr. 21, 87629 Füssen-Hopfen am See, Tel. +49 8362 7458, www.fuessen-hopfen.de.

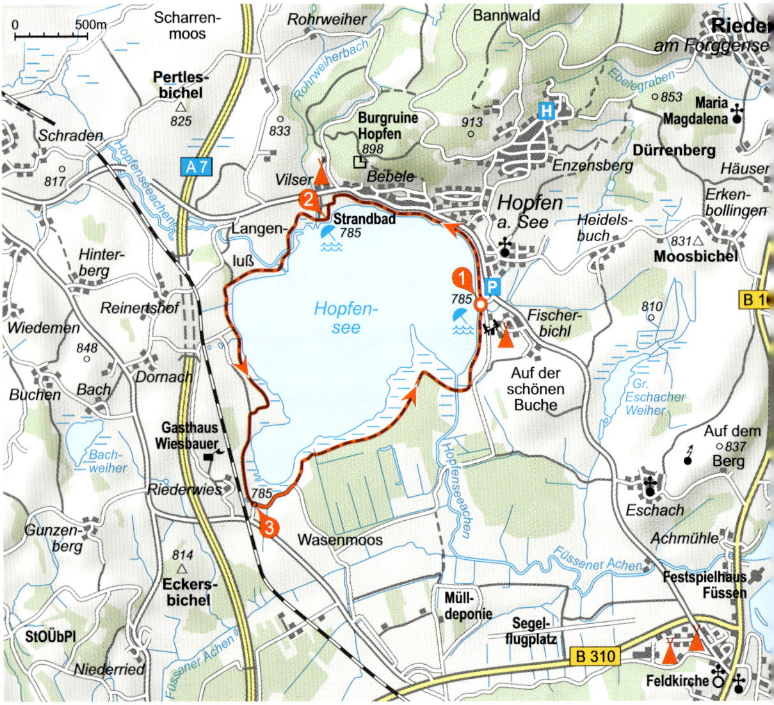

Abendstimmung mit Hopfensee und Säuling.

Ob links- oder rechtsherum ist Geschmackssache. Unsere Seerunde verläuft entgegen dem Uhrzeigersinn, wir starten also gleich mit der Promenade, die das Nordostufer entlang des kleinen Ortes **Hopfen (1)** säumt. Eine wunderschöne Flaniermeile auf breiten Wegen mit einmaligem Panorama: der weite See zur Linken, dahinter die hohen Gipfel der Tannheimer Berge. Am Westende des Ortes, vorbei an **Strandbad (2)** und Minigolf, biegt der Weg schließlich Richtung Süden ab. Die Spaziergänger-Dichte nimmt hier schlagartig ab. Es geht auf angenehmen, völlig ebenen Wegen durch Feuchtwiesen und Schilfbeständen, links der See und vor uns die Kulisse der Tannheimer Berge, eingerahmt von den markanten Gipfeln von Säuling und Aggenstein.

An der Südwestecke des Sees – kleiner **Stichweg zum Gasthaus Wiesbauer (3)** – wenden wir uns nach links und erreichen nach wenigen Minuten einen landschaftlich reizvollen Waldweg durch das Schorenmoos; linker Hand – hinter einem breiten Schilfgürtel – schimmert der See durch.

Schließlich überqueren wir die kleine **Ach** auf einer **Brücke**, halten uns dahinter links und erreichen beim Campingplatz wieder das Seeufer mit kleinem Kiesstrand (und schönem Spielplatz).

Wem nun nach der Runde der Sinn nach Verköstigung oder Tretbootausflug steht, oder wer einfach nur auf einer Bank die Seeatmosphäre mit Ausblick genießen möchte, der wird entlang der Uferpromenade von **Hopfen (1)** sicherlich fündig.

Ostallgäu

40 Schwansee und Alpsee

Stille Bergseen im Schatten der Königsschlösser

Die Besuchermassen strömen auf direktem Weg zu den Königsschlössern – und dabei an so mancher Naturschönheit vorbei. Nur einen Steinwurf vom Trubel rund um Neuschwanstein und Hohenschwangau entfernt warten wunderbar stille Seen auf Entdecker. Diese Wanderung führt uns zum malerischen Schwansee und durch – im Frühjahr und Herbst besonders schöne – Laubwälder zu den Ufern des glasklaren Alpsees. Eine leichte Tour im Schatten von König Ludwig II., und doch gefühlt meilenweit davon entfernt.

KURZINFO

Ausgangspunkt: Schwangau, Waldparkplatz am Schwansee, 792 m, Bushaltestelle.

Anfahrt: Auf der A 7 gelangt man bis vor die Tore Füssens; weitgehend um den Ort herum Richtung Schwangau/Königsschlösser, etwa 1,5 km hinter Füssen bzw. der Lechbrücke rechts in den Wald abbiegen zum Schwansee. Züge nach Füssen aus Richtung Kaufbeuren stündlich, vom Bahnhof ca. 1- bis 2-mal/Std. Busse Richtung Schwangau, RVA-Linie 78, Haltestelle »Alterschrofen Rohrachweg«. Navi: 87645 Schwangau-Alterschrofen, Königsstäßchen.

Gehzeit: 3.00 Std.
Distanz: 9,6 km.
Höhenunterschied: 150 m.
Anforderungen: Überwiegend breite, bequeme Waldwege mit nur leichtem Auf und Ab; Fischersteig zwischen Schwansee und Alpsee etwas steiler.
Einkehr: Keine Einkehrmöglichkeiten direkt am Weg. Aber wen das Getümmel nicht stört, findet genügend Auswahl auf der »Touristenmeile« unterhalb der Schlösser am Ostufer des Alpsees.
Kinder: Schöne, leichte Wege, die fast immer am Wasser entlangführen, sodass

Malerischer Schwansee mit Schloss Neuschwanstein.

es für Kinder nicht langweilig werden sollte. Viele Bademöglichkeiten, ein Tretbootverleih am Ostufer des Alpsees, ein netter Kies-Buddel-Strand am Alpsee-Westufer beim Mariendenkmal. Der in der Tour enthaltene Übergang vom Schwansee zum Alpsee über den Fischersteig ist für Kinderwagen zu steil. Ggf. beschränkt man sich mit Kleinkindern auf einen der Seen; beide See-Umrundungen sind kinderwagentauglich. Die Schwanseerunde ist kürzer und völlig eben, am Alpsee ist der Abschnitt zwischen dem Schwimmbad und WP 3 ziemlich holprig und etwas schwierig, aber machbar.

Bademöglichkeit: Am Nordufer des Schwansees gibt es eine kleine Liegewiese mit Badesteg. Am Alpsee kommt man am Südufer in einem Strandbad ins Wasser sowie ganz am westlichen Ende beim Mariendenkmal (kleiner Kiesstrand, flaches Wasser).

Winter: So wie beschrieben kann die Tour bei viel Schnee nicht begangen werden: geräumt wird u. a. die Schwansee-Umrundung, nicht aber der Fischersteig hinüber zum Alpsee. Auch am Alpsee werden nur die breiten Wald-Ufer-Wege auf der nördlichen und der südöstlichen Seeseite (bis zum Strandbad) geräumt. Am Westufer fehlt ein kurzes Stück, das aber bei wenig Schnee recht schnell von Wanderern gespurt wird.

Tourist-Info: Tourist Information Füssen, Kaiser-Maximilian-Platz 1, 87629 Füssen, Tel. +49 8362 93850, www.fuessen.de.

Vom **Waldparkplatz (1)** führt ein Waldweg parallel zur Straße in wenigen Minuten hinüber zum **Schwansee**, der – angesichts der vielen Schlossbesucher, die rund um Füssen und Schwangau unterwegs sind – erstaunlich still inmitten einer parkähnlichen Landschaft liegt. Die Moore und Feuchtwiesen rund um den See wurden im 19. Jahrhundert in den Schwanseepark des Schlosses Hohenschwangau integriert, der zwar heute nicht mehr als Park gepflegt wird, aber noch als solcher gut zu erkennen ist. Der See selbst und seine Ufer sind fast vollständig naturbelassen und von Schilfgürteln umgeben. Unser Weg führt am Ostufer entlang Richtung Hohenschwangau.

Alpsee, Hohenschwangau, Schwansee (von l.) vor den Tannheimer Bergen

Am Ende der Wiese bietet uns ein Wegweiser zwei Alternativen Richtung Schloss Hohenschwangau. Wir wählen die rechte und steigen den steilen **Fischersteig** hinauf, auf dem wir in vielen Serpentinen den breiten Rücken erklimmen, der den Schwansee vom Alpsee trennt. Ein schöner Laubwald umgibt uns und wird uns auf fast der gesamten Wanderung begleiten. An einer Kreuzung geht es geradeaus Richtung Alpsee, bis wir auf eine (autofreie) Straße stoßen. Auf dieser gelangen wir in wenigen Minuten hinunter zum Ufer des **Alpsees** – gegenüber dem **Museum der Bayerischen Könige (2)**: 2011 eröffnet, gibt es interessante Einblicke in die Geschichte der Wittelsbacher. Hier beginnt auch die touristische Kernzone rund um die Schlösser: der große, von unzähligen Bussen frequentierte Parkplatz unterhalb des Schlosses, die vielen Souvenirshops, Restaurants, Hotels und Touristen-Massen sind nur einen Steinwurf entfernt. Aber da fast alles auf die Schlösser fixiert ist, ist es hier direkt am See erstaunlich ruhig.

Für uns beginnt hier unsere Seerunde; schon nach wenigen Schritten haben wir den Alpsee mit der malerischen Kulisse der Tannheimer Ber-

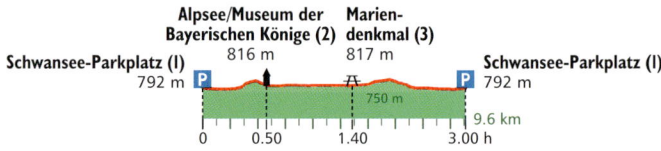

vom Aussichtspunkt »Jugend« beim Schloss Neuschwanstein.

ge im Hintergrund fast für uns alleine. Der Wanderweg rund um den See führt fast im gesamten Verlauf direkt am Ufer entlang. Wir genießen die friedliche Wald-Atmosphäre und die herrlichen Ausblicke über die Wasserfläche, in der sich Schloss Hohenschwangau spiegelt; später rückt auch Schloss Neuschwanstein ins Blickfeld, überragt vom Tegelberg und Säuling. Der Königsschlösser-Trubel scheint hier meilenweit entfernt zu sein. Vorbei an einem Strandbad erreichen wir schließlich auf einem schönen, schmaler werdenden Uferpfad das Westende des Sees, wo sich neben einem Marien-Gedenkstein (3) eine kleine Landzunge mit Bänken, kleinem Kiesstrand und prächtigem Panorama für eine ausgedehnte Rast anbietet. Der weitere Weg verläuft direkt am Ufer. Erst kurz vor dem Ende des Alpsee-Rundwegs zwingt uns eine hohe Felswand dazu, uns vom Wasser zu entfernen und steil anzusteigen. Wir treffen wieder auf die Straße, haben unsere Alpsee-Umrundung hiermit abgeschlossen und biegen nach 20 m links ab. Auf dem vom Hinweg bekannten Fischersteig geht es steil hinab Richtung Schwansee. Am Fuß des Hanges halten wir uns am ersten Abzweig links und wandern am südlichen Schwansee-Ufer entlang. Ein herrlicher Waldweg direkt am Wasser erwartet uns, und bald kommt auch rechts wieder Schloss Neuschwanstein ins Bild. Schließlich queren wir eine Feuchtwiese und treffen auf die breite Schotterstraße am Nordufer des Sees, auf der wir – vorbei an einigen kleinen Badebuchten und einem Badesteg – zum Ausgangspunkt am Waldparkplatz (1) zurückkehren.

Ostallgäu

41 ▶ Von Füssen zum Alatsee und zum Lechfall

Auf stillen Pfaden zu einem verträumten Waldsee

Die Stadt Füssen, strategisch günstig am Lech und am Übergang der hohen Berge ins Alpenvorland gelegen, blickt auf eine über 2000-jährige Geschichte bis zu den Römern zurück. Die heutige charmante Altstadt mit ihren stattlichen Bürgerhäusern ist fest in Touristenhand, aber dennoch geht es recht entspannt zu in den schmalen Gassen, die vom Hohen Schloss überragt werden. Von dessen Mauern bietet sich ein prächtiger Rundumblick über Stadt, Lech und Berge, während draußen vor den Stadtmauern der Verkehr in Richtung Königsschlösser brandet. Von Füssen führt uns ein reizvoller und sehr stiller Waldweg hinauf zum wunderschönen, geheimnisumwitterten Alatsee. Zwei weitere idyllische Seen im Faulenbachtal sowie der beeindruckende Lechfall machen diese Wanderung zu einer gelungenen Halbtagestour in den Ostallgäuer Vorbergen.

KURZINFO

Ausgangspunkt: Füssen, 808 m, Fußgängerzone am zentralen Marktplatz an der Reichenstraße, Parkplätze und Bushaltestelle außerhalb der Stadtmauer.
Anfahrt: A 7 Ausfahrt Füssen, dann nicht die Umgehungsstraße nördlich um den Ort herum, sondern gleich südwärts in die Kemptener Straße abbiegen (Gewerbegebiet); nach etwa 3 km befindet sich kurz vor der Fußgängerzone rechts ein großer Parkplatz, von dem man in wenigen Minuten das Zentrum erreicht. Vom Bahnhof sind es ebenfalls nur ca. 300 m zum Startpunkt; Züge nach Füssen aus Richtung Kaufbeuren stündlich. Navi: 87629 Füssen, Kemptener Straße 7.
Gehzeit: 3.45 Std.
Distanz: 12,2 km.
Höhenunterschied: 165 m.
Anforderungen: Der Hinweg verläuft durch Wald auf schmalen Pfaden und breiten Schotterwegen, immer leicht auf und ab. Um den See führt ein angenehmer Uferweg, der Rückweg erfolgt auf der Teerstraße bzw. auf den Schotterwegen an Mitter- und Obersee entlang.
Einkehr: Hotel & Restaurant Alatsee, 868 m.
Kinder: Eine leichte Wanderung ohne größere Steigungen; vielleicht etwas lang für Kinder, aber ein schöner Waldweg, drei Seen und ein Wasserfall sollten keine Langeweile aufkommen lassen. Der Hinweg auf dem Waldweg ist nicht kinderwagengeeignet; wer mit Buggy unterwegs ist, ist mit der (autofreien) Straße von Füssen zum Alatsee bzw. dem parallel verlaufenden Schotterweg an Mitter- und Obersee entlang besser bedient.

142

Der idyllische Alatsee.

Bademöglichkeit: Am Westufer des Alatsees findet man eine schöne Liegewiese, überall weitere kleine Zugangsstellen. Sowohl am Obersee als auch am Mittersee gibt es ein Freibad mit Kiosk, Spielplatz und Sprungturm.

Winter: Bei Schnee kann der Alatsee von Füssen über die geräumte (autofreie) Straße erreicht werden; auch der breite Waldweg entlang von Mitter- und Obersee wird geräumt. Nur die Alatsee-Runde ist nicht möglich, sofern nicht von anderen Wanderern eine Spur getreten worden ist.

Tourist-Info: Tourist Information Füssen, Kaiser-Maximilian-Platz 1, 87629 Füssen, Tel. +49 8362 93850, www.fuessen.de.

Die Barockanlage des ehemaligen Benediktinerklosters St. Mang in Füssen.

Durch die **Füssener Fußgängerzone (1)** steigen wir hinauf zum **Hohen Schloss**, das schön herausgeputzt und majestätisch über der Füssener Altstadt thront – und einen Abstecher wert ist. Die eigentliche Wanderung führt am Burgeingang vorbei durch ein Tor in der Mauer, hinter der uns ein schöner **Stadtpark** erwartet. Auf einem der vielen Wege gehen wir bis zu seinem spitz zulaufenden Westende und überqueren dort auf einer **Holzbrücke** eine kleine Schlucht.

Auf der anderen Seite halten wir uns erst links, um gleich darauf an der nächsten Gabelung rechts Richtung Alatsee abzubiegen. Kurze Zeit später gelangen wir zu einer weiteren Kreuzung, an der wir uns nach links und sofort wieder nach rechts wenden und der Beschilderung »Oberer Kobelweg« folgen. Nach einem steilen Anstieg kommen wir in den Genuss eines breiten Weges, der uns in leichtem Auf und Ab durch einen schönen, hellen Wald führt. Nach etwa 30 Minuten geht der breite Weg in den schmaleren »Hahnenkopfweg« über. Nach weiteren 20 Minuten biegt der Hahnenkopfweg rechts ab, wir folgen allerdings dem Schild »Alatsee« geradeaus und stoßen schließlich auf die geteerte, autofreie Alatsee-Straße, auf der wir kurze Zeit später unser Ziel erreichen, den idyllischen **Alatsee (2)**: ein malerischer, stiller Ort, tiefgrün, von dichten Wäldern umgeben, nur die Spitzen der Tannheimer

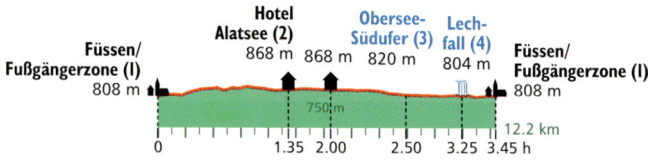

Ostallgäu

Berge ragen verstohlen über die Baumwipfel. Es ist zwar nicht wirklich einsam hier oben, weil der See von der anderen Seite mit dem Auto erreicht werden kann, aber trotzdem herrscht eine ganz besondere, schöne Atmosphäre an seinen Ufern. Diese genießen wir bei einer gemütlichen, etwa halbstündigen Runde um den See, die allerdings dank der vielen Bänke und der Badewiese am Westufer auch länger ausfallen kann.

Auf dem Rückweg folgen wir anfangs der Straße durch das Faulenbachtal hinunter nach Füssen. Nach etwa 2,5 km nähern wir uns dem Obersee. Vor dem See biegen wir nach rechts von der Straße ab und gelangen so auf den »Maximiliansweg«, der am südlichen Seeufer (3) entlangführt. Der Obersee geht fast nahtlos in den Mittersee über, den wir ebenfalls an seinem rechten Ufer begleiten. Am Ende des Sees überqueren wir den Faulenbach und wandern an seinem linken Ufer weiter. Wir nähern uns der Gesundheitszone Bad Faulenbachs mit ihren zahlreichen Kneipp-Anlagen, wo uns gelegentlich auch der faulen Eiern ähnelnde Geruch des schwefelhaltigem Wassers in die Nase steigt, dem der Ort seinen Namen und seinen Zusatz »Bad« verdankt.

Von hier kann man direkt in knapp 15 Minuten nach Füssen zurückgehen oder sich noch einen kurzen (ausgeschilderten) Abstecher zum Lechfall gönnen: Dazu geht es hinter der Kneipp-Wiese rechts über eine Holzbrücke, dann einige Hundert Meter durch ein Wohngebiet und in wenigen Minuten über eine kleine bewaldete Kuppe zum Steg über den Lechfall (4). Das Wasser stürzt zwar über ein künstliches Wehr, aber die geballte Wasserkraft des breiten Lechs und die enge Klamm auf der gegenüberliegenden Stegseite bieten ein beeindruckendes Schauspiel.

Dann geht es wieder zurück über die Kuppe, durch das Wohngebiet und in wenigen Minuten entlang des linken Lechufers nach Füssen, in dessen Altstadt (1) man diese Tour gemütlich ausklingen lassen kann.

Der Lechfall am südwestlichen Stadtrand von Füssen.

Ostallgäu

42 Auf den Auerberg

Aussichtsloge im Ostallgäuer Alpenvorland

Das Ostallgäuer Alpenvorland ist eine leicht wellige Moränenlandschaft mit unzähligen Seen, Weilern, Dörfern und Mooren vor der imposanten Kulisse der Tannheimer Berge und des Ammergebirges im Süden. Vereinzelt ziehen sich lang gestreckte Höhenrücken in west-östlicher Richtung durch die Landschaft, die ihr Umfeld weit überragen. Einer davon ist der Auerberg, knapp 20 Kilometer nördlich der Berge gelegen und dank seiner Höhe von 1055 Metern mit einer fantastischen Aussicht gesegnet. Sein Gipfel ist von der hübschen Kirche St. Georg gekrönt, ein wegen seiner Zufahrtstraße leicht erreichbares und auch viel besuchtes Ausflugsziel. Aber wie so oft, wenn das Ziel per Auto erreichbar ist, sind die Wanderwege hinauf angenehm still und bieten – wie der hier beschriebene Aufstieg von Stötten – herrliche Aussichtsplätze auf die alpine Szenerie im Süden.

KURZINFO

Ausgangspunkt: Stötten am Auerberg, 740 m, Ortszentrum bei der Kirche, Parkplatz und Bushaltestelle.
Anfahrt: Von Marktoberdorf kommend ca. 7 km die B 16 Richtung Füssen. RBA-Buslinie 59 ab Marktoberdorf, ca. alle 60 bis 90 Min., ab Lechbruck seltener. Navi: 87675 Stötten am Auerberg, Dorfstraße 8.
Gehzeit: 3.00 Std.

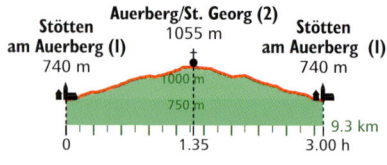

Distanz: 9,3 km.
Höhenunterschied: 340 m.
Anforderungen: Überwiegend gut und problemlos zu begehende Wiesen- und Waldwege, teilweise (autofreie) geteerte, schmale Straßen. Generell mäßige Steigungen.
Einkehr: Gasthof »Auf dem Auerberg«, 1040 m, unterhalb der Kirche.
Kinder: Eine leichte Wanderung, aber wohl nur für Kinder geeignet, die gerne wandern, da größere »Abwechslungen« unterwegs fehlen. Oben wartet ein spannender Aufstieg durch den engen Kirchturm mit mittelalterlichem Flair auf die Aussichtsplattform.
Tourist-Info: Tourismusbüro Gemeinde Stötten, Füssener Str. 11, 87675 Stötten am Auerberg, Tel. +49 8349 9204-0, www.stoetten.de.

Sonniger Wiesenweg auf dem Auerberg.

Ostallgäu

In **Stötten** folgen wir vom Parkplatz neben der **Kirche (1)** der »Dorfstraße« südwärts, dann geradeaus weiter dem »Römerweg«, bis dieser nach etwa 300 m in einen schmalen Fußweg übergeht (das gelbe Schild »Auerberg« unterwegs ignorieren wir, da es für Kfz gedacht ist).

Auf diesem Weg wandern wir leicht ansteigend durch Wiesen aufwärts, bis wir einige einzeln stehende Häuser erreichen; ein kurzes Stück Teerstraße bringt uns hinauf zu einem **Sendemast**, immer der Beschilderung »Römerweg« bzw. »Auerberg« folgend. Beim Mast beginnt ein schmaler Weg, der uns mäßig steil ansteigend durch Wald hinaufleitet. Immer wieder machen die Bäume Platz für offene Wiesen, die herrliche Blicke Richtung Süden weit über das wellige Ostallgäu ermöglichen, in der Ferne stehen die Alpengipfel Spalier mit den Ammergauer Alpen und den Tannheimer Bergen bis hin zum sendemastgekrönten Grünten.

Bald lassen wir den Wald hinter uns, biegen auf eine schmale Teerstraße ein, auf der es durch sonnendurchflutete Wiesen gemächlich weiter bergauf geht. Am oberen Ende der Straße quer über eine Wiese und durch ein letztes Waldstück, dann taucht links auf dem höchsten Punkt des **Auerberges** die kleine Wallfahrtskirche auf. Ein letzter Anstieg bringt uns zur **Kirche St. Georg (2)**, 1055 m, hinauf. Wer noch ein kleines Stück höher hinauf möchte, kann im Innern des Gebäudes auf einer sehr (!) engen Stiege auf die kleine Aussichtsplattform neben dem Turm steigen. Der Aufstieg ist für Kinder sicherlich spannend, schönere Aussichten als von unserem Wanderweg bietet er aber kaum. Und wenn gerade eine Busladung eingetroffen ist, wird es eh etwas eng auf den Stufen ...

Wer ein ruhigeres Plätzchen sucht, findet dies auf den etwas südlich gelegenen Wiesen. Dort entlang führt auch unser Rückweg. Von der Kirche etwa 300 m den Hinweg zurück, dann nicht (!) rechts Richtung »Stötten«, sondern geradeaus Richtung »Straß«: über eine kleine Wiesenanhöhe mit Bänken bis zu einem **Gipfelkreuz**, das wir am rechten Wiesenrand ausmachen und von wo sich ein herrliches Panorama bietet. Von dort führt ein schmaler Trampelpfad am Waldrand abwärts, bis wir nach wenigen Minuten bei einer alleinstehenden Hütte wieder auf die Teerstraße vom Aufstieg stoßen. Der weitere Weg verläuft wie auf dem Hinweg nach **Stötten (1)**.

Stichwortverzeichnis

A
Aggenstein 131
Alatsee 142, 144
Alpkönigblick, Aussichtsturm 24, 26
Alpsee 36, 138
Alpsee-Bergwelt 30, 32
Alpsteigtobel 50
Altes Zollhaus Oberjoch 50
Altstädten 54
Altstädter Tobel (Leybachtobel) 54
Argentobel (Eistobel) 22
Auenhütte 96
Auerberg 146

B
Baad 93, 98
Bad Faulenbach 145
Bad Hindelang 51
Bärenschwändlealpe 32
Bärgacht-Wasserfall 114
Berghaus am Söller 90
Bernhardsgemstelalpe 94
Birgsau 85
Blaichach 56, 58
Bödmen (Mittelberg) 93
Bolsterlang 61
Brackenberg 43, 44
Breitach 102
Breitachklamm 102, 105
Breitenberg 129
Breitenbergbahn 129
Buchenrainalpe 85
Bühl am Alpsee 37, 39
Buhl's Alpe 56
Burgberg 45

C
Christlessee 82

D
Dietersberg 82

E
Edmund-Probst-Haus 69, 72
Einödsbach 83, 84
Eistobel (Argentobel) 22
Engeratsgundsee 71
Eschbachalpe 83

F
Fahnengehrenalpe 62
Faistenoy 83, 87
Falkenstein 42
Fellhorn 88
Fellhornbahn 87
Fellhorngrat 86
Füssen 139, 142
Füssener Jöchle 121

G
Gappenfeldalm 118
Gemstel-Schönesboden-Alpe 94
Gemsteltal 92
Giebelhaus 71
Glutschwandenalpe 28
Grän 110, 120
Grasgehrenhütte 64
Großdorf 42
Großer Daumen 70
Grünenbach 22
Grüntensee 126
Gschwender Wasserfall 39
Gundhütte 116
Gundsattel 87
Gunzesrieder Tal 56, 58
Gunzesried-Säge 56

H
Hahnenkamm 123
Hahnenkammbahn 124
Haldensee 110
Haller am Haldensee 108, 110
Hauchenberg 24
Hausbachklamm 20
Heubergbahn (Hirschegg) 99
Hinanger Wasserfall 54
Hintergemstelalpe 94
Hinterstein 51
Hintersteiner Tal 51
Hirschegg 98
Hirschsprung 66
Hochalpbahn 129
Hochalphütte 129
Hochbühl, Berggasthof 29
Hochsiedelalpe 32
Hochweiler 55
Hochwiesalpe 29
Höfatsblick 69, 72
Höfener Alm 125
Höfen (Reutte) 124
Hohenschwangau, Schloss 140
Höllritzer Alpe 58
Hopfen am See 136
Hopfensee 135
Hörmoosalpe 29
Hörnerbahn 61
Hörnerkette 60
Hündlebahn 30
Hündlekopf 30, 32

I
Imberg 27
Imbergbahn 27
Immenstadt 37

J
Jägerstand, Café 78, 81
Judenkirche 66, 68

K
Kleinwalsertal 15
Kletterwald Grüntensee 127
Kling's Hütte 25
Knechtenhofen 30

Koblatsee 70
Königsschlösser 17, 138
Krummenbach 50
Kuhschwandalpe 32
Kutschenmuseum Hinterstein 53

L
Laufbacher Eck 72, 75
Laufbichlsee 70
Lechaschauer Alm 125
Lechfall 142, 145
Leybachtobel (Altstädter Tobel) 54

M
Melködealpe 97
Missen 25, 33
Mittersee (Bad Faulenbach) 145
Moorbad Oberstdorf 80
Moorhütte 50
Moorweiher (Oberstdorf) 82
Moosalpe 32
Müller's Berg, Alpe 42
Museum der Bayerischen Könige 140

N
Nebelhorn 69
Nebelhornbahn 69, 72
Neunerköpfle 117
Neunerköpflebahn 116
Neuschwanstein, Schloss 17
Niedersonthofen 40
Niedersonthofener See 40

O
Oberallgäu 14
Obere Bierenwangalpe 87
Obere Strindenalpe 117
Obere Wilhelminealpe 59
Oberjoch 48
Oberkirch (Weißensee) 132
Obermaiselstein 64
Obersee (Bad Faulenbach) 145
Oberstaufen 31
Oberstdorf 69, 77, 80, 83, 87
Ofterschwang 61
Ofterschwanger Horn 62
Ostallgäu 17
Ostertaltobel 56
Ostlerhütte 129, 131
Ostrach 51
Oybach 78, 81
Oytal 76
Oytalhaus 79

P
Pfarralpe 34
Pfronten 129
Pirschling 107

Prinze Gumpe (Naturbad Hinterstein) 51
Prinzenkreuz 79
R
Rangiswanger Horn 62
Ratholz 30, 32
Rettenberg 42
Reute (Oberstdorf) 105
Reutte 124
Riedberger Horn 64
Riedbergpass 64
Rieder 39
Riezlern 89, 90, 102
S
Salmaser Höhe 33
Schäferhütte, Gasthaus 109
Schartschrofen 120
Schlappoltalpe 87, 88
Schlappoltsee 87, 88
Schnellers 21
Schochen 74
Schönblick, Berghaus 90
Schönkahler 106
Schrattenwangalpe 91
Schwabenhöhe 24
Schwangau 138
Schwansee 138
Schwarzwasserhütte 95, 96
Schwarzwassertal 95
Seealpsee 74
Siplingerkopf 58
Söllereck 89
Söllereckbahn 90
Sonna-Alp 100
Spielmannsau 80, 82
Starzlachklamm 45
St. Barbara (Tiefenbach) 67
Steibis 27
Steinach (Pfronten) 129
St. Georg (Auerberg) 147
Stillachtal 83
Stötten am Auerberg 146
Sulzspitze 116, 118
T
Tannheim 112, 116
Tannheimer Tal 16
Tannheimer-Tal-Panoramaweg 108
Thaler Höhe 33
Tiefenbach 67
Tonisgemstelalpe 94
Trähers Alpe 35
Trettachtal 78, 80
U
Untere Gutenalpe 79
Untere Schwandalpe 50

V
Vilsalpe 113
Vilsalpsee 112
Vorderburg 42
Vorderburg, Ruine 43

W
Waldhaus, Restaurant 104
Weiherkopf 63
Weiler im Allgäu 20
Weißensee 132
Wertach 127
Westallgäu 14
Wiederhofen 33
Wilhams 25
Winkel 45

Z
Zafernalift 99
Zeigersattel 74
Zellen 41
Zipfelsbachfälle 51
Zöblen 106, 108
Zugspitzblick, Berghotel 106

Rother TourenApp

Holen Sie sich unsere Wanderführer als App!

So funktioniert es:

➜ Kostenlose Rother App vom App Store bzw. Google Play Store laden

➜ Bis zu fünf vollwertige Beispieltouren aus jedem verfügbaren Guide unbegrenzt testen

➜ Bequem direkt aus der Rother App oder über e-shop.rother.de (hier nur für Android) den gewünschten Guide komplett erwerben*

* je nach Guide 5,49-13,99 €

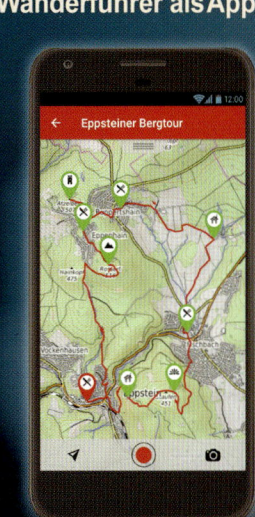

www.rother.de/app

Impressum

Titelbild: Das Gipfelkreuz am Ofterschwanger Horn (Tour 16).
Bild Seite 1: Panorama am Zeigersattel mit dem Seealpsee (Tour 20).
Bild Seite 2: An der Uferpromenade in Hopfen am See (Tour 39).
Bild Seite 18/19: Einödsbach unterhalb von Trettachspitze und Mädelegabel (Tour 23).

Alle Fotos von Gerald Schwabe.

Der Autor:
Gerald Schwabe, Jahrgang 1968, Diplom-Geograf, entdeckte über Reisen seine Leidenschaft für Fotografie und machte sie zu seinem Beruf. Anfang des Jahrtausends aus Norddeutschland nach Bayern verschlagen, lebt er heute mit seinem Sohn in seiner Wahlheimat Immenstadt im Allgäu und arbeitet als freiberuflicher Fotojournalist und Buchautor. Neben mehreren Allgäu-Bildbänden präsentiert er seine Bilder im Internet unter www.allgaeu-bilderbogen.de und www.allgaeu-panoramen.de.

Kartografie:
Wanderkarten der Touren 1, 39 und 42 im Maßstab 1:50.000
© Bergverlag Rother GmbH, München (gez. von Barbara Häring, Gröbenzell), alle übrigen Wanderkarten im Maßstab 1:50.000 und die Übersichtskarten im Maßstab 1:450.000 und 1:800.000
© Freytag & Berndt, Wien.

5., aktualisierte Auflage 2021
© Bergverlag Rother GmbH · München
Alle Rechte vorbehalten
ISBN 978-3-7633-3088-1

Liebe Bergfreunde!
Alle Angaben dieses Buches wurden vom Autor nach bestem Wissen recherchiert und vom Verlag mit größtmöglicher Sorgfalt überprüft. Für die Richtigkeit der Angaben kann jedoch – soweit gesetzlich zulässig – keine Haftung übernommen werden.
Wir bitten dafür um Verständnis und freuen uns über jede Anregung und Berichtigung zu diesem Rother Wanderbuch:

Rother Bergverlag · Keltenring 17 · D-82041 Oberhaching
Tel. (089) 60 86 69-0 · Fax 60 86 69 69
E-Mail: leserzuschrift@rother.de
Besuchen Sie uns im Internet: www.rother.de